FAHRRADWARTUNG

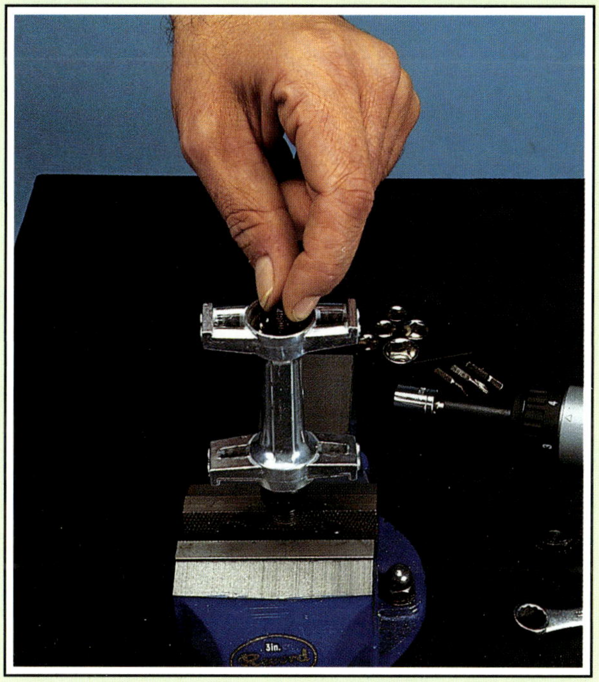

SUNTOUR XC PRO

GEOFF APPS

FAHRRADWARTUNG

Technik · Tricks · Material

Moby Dick Verlag

Titel der englischen Originalausgabe:
The Bicycle Book
The complete maintenance guide

Erschienen bei Salamander Books Ltd, London

Die Deutsche Bibliothek - CIP-Einheitsaufnahme

Apps, Geoff:
Fahrradwartung: Technik, Tricks, Material / Geoff Apps.
[Übers: Ulrich Herzog]. - 2. Aufl. - Kiel : Moby-Dick-Verl., 1996
Einheitssacht.: The bicycle book <dt.>
ISBN 3-89595-000-9
NE: HST

2. Auflage
ISBN 3-89595-000-9

Übersetzung: Ulrich Herzog
Titelphoto: Heinz Endler
Einbandgestaltung: Buchholz/Hinsch/Hensinger, Hamburg
Photographen: Sue Darlow, Barbara Berkowitz, Jason Smith
Graphiken: Geoff Apps
Printed in Singapore 1996

INHALT

VORWORT

An einem Velo, das gut in Schuß ist, hat man seine Freude und muß wenig herumschrauben. Die Rechnung ist einfach: Sie investieren regelmäßig ein paar Wartungsstunden; dafür werden Sie mit einem ungetrübten Radelvergnügen belohnt und sparen obendrein Zeit und Geld für große Reparaturen.

Viele Biker sind Spontanbastler. Sie kümmern sich ums Rad, wenn sie gerade mal Lust haben oder wenn etwas kaputtgegangen ist. Routinekontrollen, bei denen jede Fahrradkomponente zu ihrem Recht kommt, sind natürlich wesentlich effektiver. Wenn Sie einmal damit anfangen, stellen Sie schnell fest: man braucht nicht viel Zeit - und es macht einen Heidenspaß.

In diesem Buch habe ich versucht, Ihnen diese Arbeiten schmackhaft zu machen. Jeder Abschnitt behandelt kurz die Funktion der Fahrradkomponente, um dann spezielle Tips für die Routinekontrolle, die sechswöchentliche Inspektion und die halbjährliche Grundüberholung zu geben. In den einzelnen Checklisten lesen Sie, was wann erledigt werden muß - so wird nichts übersehen.

Der erste Teil des Buches zeigt, wie Sie zu Hause eine Fahrradwerkstatt einrichten können. Auch hier läßt sich durch vernünftige Planung viel Zeit, Geld und Frust sparen. Resultat ist ein effektiver kleiner „Workshop", mit dem Sie Ihren Spaß haben und niemandem im Hause in die Quere kommen.

Die technischen Anleitungen werden durch detaillierte Bildfolgen illustriert. Für die meisten dieser Fotos stand ein gut ausgerüstetes Allzweckrad Modell - ein Velo, mit dem ich zur Arbeit fahre, spazierenradle und auf Reisen gehe. Sicher sieht mein Rad ein bißchen anders aus als Ihres. Versuchen Sie deshalb, die technischen Gemeinsamkeiten zu erkennen. Technik ist eine Sache der Logik. Auch wenn die Komponenten verschieden aussehen, ihre Funktion ist die gleiche. Haben Sie erst einmal die Fahrradmechanik durchschaut, werden Sie jedes Teil an jedem Velo in den Griff kriegen.

Bei Maßangaben hat sich das metrische System weitgehend durchgesetzt. Wo noch Zollangaben gebräuchlich sind, habe ich beides angegeben.

Werfen wir nun noch einen Blick auf einige Fachausdrücke, denen Sie in diesem Buch immer wieder begegnen werden. Es wichtig, sie klar zu definieren:

- **Routinekontrolle:** Überprüfen, ob ein Teil korrekt sitzt und funktioniert
- **Wartung:** Alle Arbeiten, die für saubere Funktion sorgen und für die keine Demontage nötig ist (z.B. Einstellen, Zentrieren, Abschmieren)
- **Überholung:** Demontieren, säubern, fetten, zusammenbauen und einstellen
- **Montieren:** Originalteil wieder anbauen
- **Ersetzen:** Neues Teil anstelle des alten anbringen
- **links/rechts:** Immer in Fahrtrichtung gesehen

Das Fahrrad ist ein kostengünstiges, zuverlässiges und schnelles Verkehrsmittel. Es symbolisiert Sport, Spaß und Erholung. Spätestens am Ende dieses Buches haben Sie Ihr Velo eigenhändig zu einer effektiven und sicheren Maschine gemacht. Und das bedeutet ...

... viel Spaß!

Geoff Apps

DIE VELOWERKSTATT

Heute soll's also auf Radtour gehen? Prima, packen wir die Satteltaschen und machen dann noch schnell einen Routinecheck! Das ist die Idee. Die Wirklichkeit: Um Mitternacht sind endlich alle Mängel beseitigt, die Schmiere ist von den Fingern gewaschen und die Tour auf morgen verschoben. In einer gut ausgerüsteten, sauberen kleinen Werkstatt wäre es natürlich schneller gegangen ...

Der ideale Ort zum Schrauben

Wo darf der Workshop hin? Wenn Sie auf der Suche nach einem trockenen Velostübchen durchs Haus schnüren, sollten Sie eines im Hinterkopf haben: Es ist ungefähr doppelt soviel Platz nötig, wie Sie denken. Sie müssen problemlos um das aufgebockte Rad herumgehen können und noch genügend Spielraum für eine Werkbank und eventuell einen Werkzeugschrank haben.

Eine reguläre, ausschließlich für diesen Zweck bestimmte Fahrradwerkstatt ist natürlich das höchste der Gefühle. Eine Ecke in der Garage oder im Keller tut's aber auch. Vielleicht können Sie so einen Raum auch nur von Zeit zu Zeit für Ihre velophilen Zwecke nutzen? Macht nichts - schaffen Sie sich ein klapp- oder zerlegbares Equipment an. Das kann man anderswo verstauen, um es dann zur Bastelstunde hervorzuholen.

Einfallsreichtum ist gefragt, wenn Sie auf einen ganz normalen Raum (Küche, Wohnzimmer, Waschküche) angewiesen sind. Hier lautet das oberste Gebot: „Mach mir meinen Teppichboden nicht dreckig!" Nach allerlei Experimenten mit Plastikfolien, Zeitungen und Pappe stieß ich eines Tages auf das ideale Material für die ambulante Werkstatt, nämlich Gummimatten (ca. 2 mm stark). Sie liegen flach auf, sind stabil und rutschfest und schonen den Teppich. Nach der Arbeit sollten sie mit Seifenwasser gereinigt werden, denn mineralische Öle und Fette greifen das Gummi an. Es ist allerdings nicht schlimm, wenn man das zwei Tage später erledigt, weil das Radelwetter einfach zu schön war ... Gummimatten lassen sich hervorragend zusammenrollen und wegstellen (oder mittels eines Gurtes transportieren). Leider ist das Material nicht ganz billig, aber mit etwas Glück bekommen Sie in einer Druckerei gebrauchte Gummitücher zum Sonderpreis.

Bei Sonnenschein gibt es nichts Schöneres als die mobile Open-Air-Werkstatt. Auch hier zeigen sich die Gummimatten wieder von ihrer besten Seite: erstens finden Sie auf der sauberen Unterlage alle Einzelteile wieder, zweitens wird der Rasen nicht strapaziert.

Licht, Steckdose, Wasser

Tageslicht ist wünschenswert, aber auf gute Arbeitslampen wird man trotzdem nicht verzichten können. Ein paar Punktstrahler sind nach meiner Erfahrung die ideale Beleuchtung. Zweimal 100 Watt reichen völlig aus. Spotlights mit Klemme kann man so plazieren, daß der jeweilige Tatort voll ausgeleuchtet wird.

Stirnlampen als Werkstattlicht mögen Ihnen vielleicht etwas exotisch vorkommen, sind jedoch enorm praktisch. Sie sorgen automatisch dort für Licht, wo man gerade hinschaut und arbeitet. Übliche Kopflampen mit 4,5-Volt-Birnen lassen sich durch Halogen-Birnen tunen. Alternativ kommen auch aufladbare 12-Volt-Systeme in Frage - Fahrradakkus, wie sie als reguläre Velobeleuchtung im Handel sind. Sie sind teurer, aber doppelt nutzbar.

Die Stromversorgung ist ein Muß, wobei die Steckdose ruhig etwas weiter entfernt sein darf. Schließlich haben wir ja alle schon von Verlängerungsschnüren und Mehrfach-Steckdosen gehört.

Zum Entfetten und Säubern von Kleinteilen empfehle ich einen wasserlöslichen Kaltreiniger. Für das obligatorische, gründliche Spülen bietet sich natürlich ein Waschbecken an. Ein Set von (Edelstahl-)Töpfen ist ein akzeptabler Notbehelf. Ineinandergestellt nehmen sie kaum Platz weg.

Transportabler Fußboden: Die relativ schweren Gummimatten liegen gut auf und können bequem getragen werden

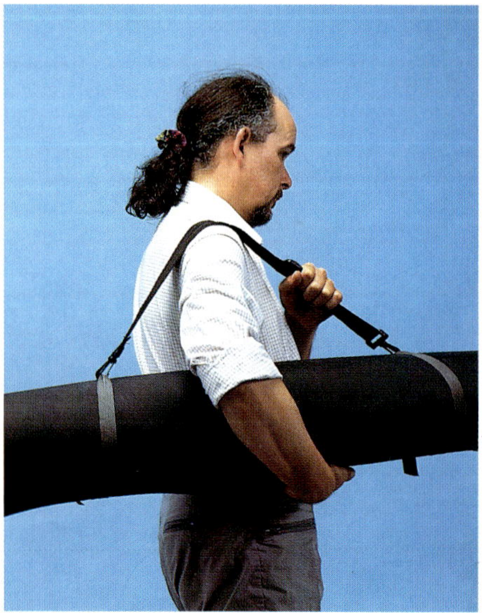

Ein normales 27"- oder 28"-Fahrrad ist knapp zwei Meter lang. Damit beide Seiten gleich gut zu erreichen sind, sollte man ganz um das Velo herumgehen können. Das heißt, Ihr Arbeitsraum muß mindestens drei Meter lang sein.

Die meisten Wartungsarbeiten werden an beiden Seiten des Velos ausgeführt. Kalkulieren Sie deshalb mindestens einen Meter seitlichen Abstand ein. Daraus ergibt sich eine reine Arbeitsfläche von sechs Quadratmetern.

Der Platzbedarf für Werkbank und Werkzeugschrank kommt hinzu. Bedenken Sie auch, daß das Velo öfter mal gekippt und herumgedreht wird. Auch dafür muß „Luft" eingeplant werden.

Platzbedarf für die Velowerkstatt

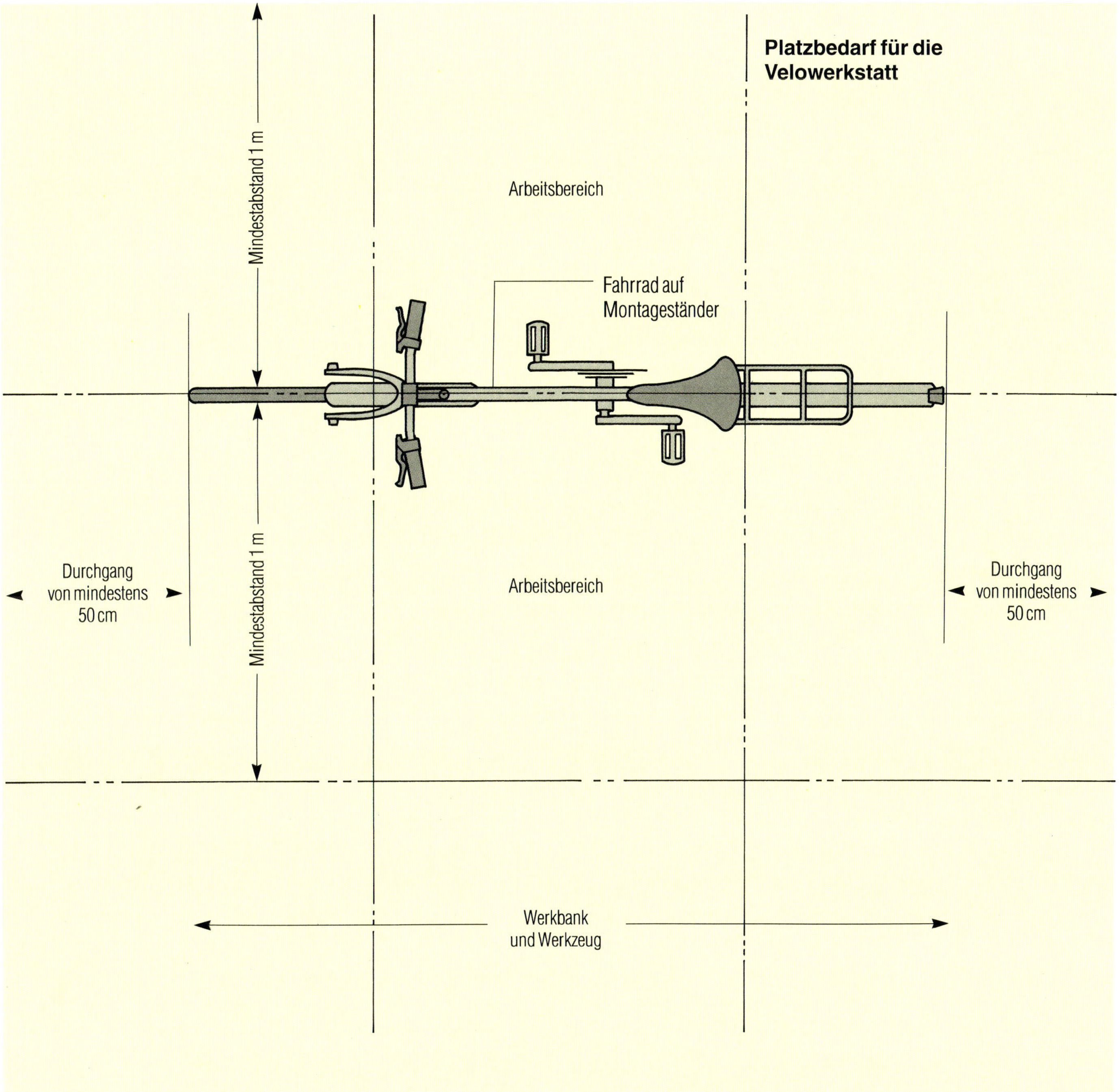

Die Werkbank

Die Werkbank ist der ruhende Pol in Ihrer Werkstatt. Hier muß man perfekt und relaxed arbeiten können. Das oberste Gebot lautet deshalb: Stabilität. Sollten Sie über eine reguläre Velowerkstatt verfügen, würde ich Ihnen zu einer fest installierten, maßgefertigten Arbeitsplatte raten. Passionierte Heimwerker holen sich dafür eine dicke, verleimte Hartholzplatte vom Baumarkt. Sonst beauftragt man einen Tischler. Auf jeden Fall muß das Teil bombenfest stehen, was einerseits durch seine Masse und andererseits durch solide Verankerung erreicht wird. Eine schwere Werkbank kann frei stehen; eine leichtere schrauben Sie an der Wand, oder auch am Boden fest.

Die meisten Velo-Freaks haben keine Profiwerkstatt. Sie müssen ihren Workshop irgendwo im Haus oder in der Wohnung unterbringen. Anstelle der massiven Werkbank tritt dann eine grazile, raumsparende und trotzdem stabile Faltbank (im Bild: der Black & Decker Workmate). Eine hervorragende Option für viele Einsatzzwecke!

Wie muß das Fahrrad stehen?

Das aufrechtstehende Rad ist für die meisten Arbeiten am bequemsten. Zumindest das Hinterrad muß sich über dem Boden befinden. So können Sie die Kurbeln drehen, die Gänge schalten, Bremsen justieren und so weiter.

Fahrradständer

Betrachten wir zunächst die simplen Modelle - Fahrradhalter, die das Velo in der Senkrechten und das Hinterrad über dem Boden halten. Man unterscheidet drei Typen: 1. Gegabelter Ständer, Abstützung unterm Tretlager, Sicherungshaken über dem Unterrohr. 2. Senkrechter Arm mit je einer Schelle für Sitzrohr und Kettenstrebe, wird von einer flach auf dem Boden liegenden Gabel gehalten. 3. Dreiecksständer mit „Steckern" für die beiden Enden der Hinterradachse (Abb. S. 11). Bei diesem Modell kann das Hinterrad nicht herausgenommen werden.

Die genannten Ständer funktionieren nur, solange das Vorderrad eingebaut ist.

Ungewohnt, aber praktisch: Die Stirnlampe als präzise Tatortbeleuchtung

Ein Top-Teil für die mobile Werkstatt: der Workmate

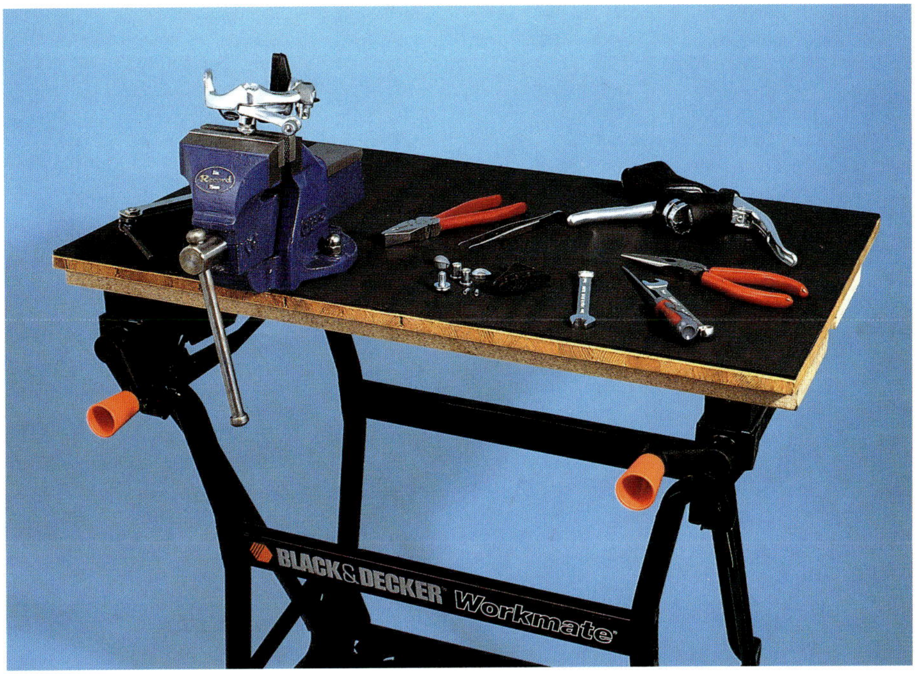

⮝ So kommt der Schraubstock auf die Klappbank: Extraplatte zuschneiden, schmale Mittelleiste (zum Einklemmen) drunterleimen, Schraubstock verbolzen. Auch ein Bohrständer findet noch Platz.

⮟ Dieser Fahrradständer hält das Velo gerade und gibt das Hinterrad frei. Praktisch, wenn Sie mehrere Fahrräder stehen haben oder das Velo vorübergehend beiseite stellen wollen.

Ein Fahrradwandhalter, als Montagehalterung zweckentfremdet, ist keine schlechte Idee. Natürlich muß es eine massiv gemauerte Wand sein, in der Dübel und Schrauben sicheren Halt finden. Das Verfahren ist platzsparend, aber es hat einen Nachteil: man kommt immer nur von der einen Seite ans Velo und muß es dann umhängen.

Es ist übrigens sehr einfach, solch einen Wandarbeitsplatz selbst herzustellen. Montieren Sie ein circa 40 Zentimeter breites Regal an der Wand. Die Länge sollte der Oberrohrlänge minus 10 Zentimeter entsprechen. Auf jedes Regalende schrauben Sie - rechtwinklig zur Wand - eine am vorderen Ende eingekerbte Latte. Das Velo wird in die Kerben eingehängt.

Montageständer

Dieses Ausrüstungsstück macht Schluß mit dem krummen Rücken. Es bringt das Velo in die richtige Arbeitshöhe und umklammert es mit festem Griff. So macht das Arbeiten Spaß - insbesondere, wenn das Bike am Montageständer herumgedreht werden kann und auch die verborgensten Teile in bequeme Reichweite kommen. (Die meisten freistehenden Montageständer haben eine drehbare Klemmschelle.) Gewöhnlich sind Montageständer aus gebogenen Rohren gefertigt und einfach zu zerlegen. Da lacht das Herz des Amateurschraubers, hat er doch einmal mehr ein gutes Werkzeug mit minimalem Platzbedarf! Anders sieht es aus, wenn Sie statt einer Hobbyecke einen Techno-Tempel errichten möchten. Hier muß der Einkaufszettel umgeschrieben werden: ein professioneller, schwerer Montageständer ist genau das Richtige für Sie!

Montageständer in sogenannter Werkstattqualität gewährleisten einen erzsoliden Halt - vorausgesetzt, sie werden auf dem (Zement-)Boden verbolzt. Diese Geräte sind teuer und in erster Linie für Profis gedacht.

Haben Sie sich aus Platzgründen für einen Black & Decker Workmate entschieden, bietet der Kestrel Workmate eine pfiffige Ergänzung. Er wird einfach in die Klappbank eingespannt. Das Rad sitzt fest, die Arbeitshöhe ist o.k., eine Ablagefläche ist auch vorhanden. Später kann man einen Metallfuß dazukaufen, wodurch die Vielseitigkeit dieser Vorrichtung noch gesteigert wird. Einziger Wermutstropfen: Das Velo kann nicht rotiert werden. Hier gilt es, zwischen Raum- und Arbeitsökonomie zu entscheiden.

Ökonomische Lösung: Die beiden raumsparenden Workmates von Kestrel und Black & Decker

Grundausstattung

Für Ihre Werkstatt brauchen Sie einen Fundus von Werkzeugen, eine anständige Basisausstattung. Einiges davon bekommt man im Fahrradladen, das meiste würde ich aber in einem Fachgeschäft oder in der technischen Abteilung eines großen Supermarkts kaufen. Auf diese Werkzeuge sind Sie wirklich angewiesen. Schließen Sie deshalb keine Kompromisse, kaufen Sie nur erste Qualität! Eine teure „Heavy Duty" Zange läßt Sie nie im Stich - Billigware schafft Frust und landet nach kurzer Zeit im Mülleimer. Ich habe auch mit Second-Hand-Werkzeug gute Erfahrungen gemacht. Achten Sie aber darauf, daß die „Schnäppchen" sich in gepflegtem Zustand befinden. Anzeigenblätter und Flohmärkte sind Fundgruben für gebrauchtes, preiswertes 1a-Werkzeug.

Spezialwerkzeug

Wer sich schon einmal damit abgequält hat, eine Kurbel ohne Abzieher von der Tretlagerwelle zu entfernen, weiß, wozu Spezialwerkzeug gut ist. Auf lange Sicht lohnt sich die Investition. Manchmal ist dieselbe Aufgabe aber auch mit Bordmitteln zu be-

Outfit für Fortgeschrittene: Freistehender Montageständer mit rotierbarer Klemmschelle

Eiserner Griff mit sanfter Oberfläche: Backenschoner verhindern, daß Leichtmetallkomponenten oder Stahlgewinde durch den Schraubstock beschädigt werden

werkstelligen. Dabei muß erhöhte Vorsicht walten, um Kratzer und Beschädigungen zu vermeiden. Die in den Reparaturanleitungen gezeigten Spezialwerkzeuge können unter Umständen etwas anders aussehen als die, die Ihr Fahrradladen anbietet. Die Funktion ist aber dieselbe.

Schraubstock

Die „Eisenhand" ist ein überaus nützliches Hilfsmittel für den Amateurmechanikus. Sie hält das Werkstück unverrückbar fest, damit Sie in Ruhe sägen, feilen, schrauben oder bohren können. Dazu muß der Schraubstock fest auf der Werkbank fixiert sein. Beim Einkauf brauchen Sie nicht unbedingt zum superschweren Modell zu greifen - Qualität geht vor Größe. Für eine Klappbank würde ich einen mittelschweren Typ mit nicht weniger als 75 Millimeter Backenbreite wählen. Normalerweise ist der Schraubstock aus Gußeisen mit angeschraubten, geriffelten Stahlbacken.

Leichtschraubstöcke aus Aluminium sind perfekte Instrumente für den Velo-Tüftler. Leider werden sie heute nicht mehr produziert. Falls sich die Gelegenheit für einen Second-Hand-Kauf bietet, greifen Sie zu!

Nun sind Sie also frischgebackener Besitzer eines Schraubstocks mit stahlbewehrten Kiefern. Verpassen Sie ihm als erstes einen Satz „Gebißschoner" aus Kunststoff oder Alu. Manchmal sind sie praktischerweise mit einem innenliegenden Magnetstreifen versehen. Backenschoner sind sehr einfach herzustellen. Schneiden Sie einfach ein paar Stücke von einem Aluwinkelprofil ab - am besten gleich auf Vorrat, denn das weiche Metall hat nur eine begrenzte Lebensdauer. Schraubstockschoner halten kleine und empfindliche Teile (Gewinde) fest, ohne sie zu beschädigen.

Wie befestigt man den Schraubstock? Am sichersten mit zwei durch den Sockel geführten Schraubbolzen, andernfalls per Schraubzwinge(n). Die zweite Variante ist ganz im Sinne der mobilen, schnell demontierbaren Werkstatt. Starken Hebelkräften hält sie allerdings nicht stand. Haben Sie zum Beispiel einen Zahnkranz eingespannt und wollen ihn durch Drehung des Laufrads lösen, kann es schon passieren, daß statt dessen der Schraubstock loskommt.

Ich bevorzuge deshalb die Schraubversion. Für die Klappbank ist eine Hilfskonstruktion vonnöten. Sinnvoll ist eine 13-15 Millimeter starke Sperrholzplatte mit einer in Längsrichtung untergeschraubten Latte (25 x 50 mm). Um die Arbeitsfläche zu vergrößern, darf die Platte links und rechts ruhig etwas überstehen (beiderseits bis zu 75 mm). Ich habe die Platte zusätzlich mit einer Gummimatte beklebt, was eine exzellente Arbeitsfläche ergibt. Außer dem Schraubstock läßt sich auch ein Bohrständer montieren.

Dank der untenliegenden Leiste kann die Arbeitsplatte nun fest in den Workmate eingespannt werden. Soll statt dessen der Montageständer eingesetzt werden, ist die Arbeitsplatte samt Schraubstock im Handumdrehen abgenommen.

Bohrmaschine und Akkuschrauber

Wenn's das Budget zuläßt, sollten Sie einem Akkuschrauber der mittleren Preiskategorie ein Zuhause geben. Für Schrauben, Muttern und Inbusschrauben gibt es nichts Besseres. Schraubenköpfe, Muttern und vor allem Inbusschrauben werden durch normales Handwerkzeug leicht mal beschädigt - durch „Power Driver" praktisch nie. Vor allem erledigt der drahtlose Dreher alle Schraubarbeiten in einem Bruchteil der Zeit, die ein Handarbeiter benötigt. (Sie merken es spätestens, wenn Sie das komplette Rad mit selbstsichernden Schrauben bestücken.) Auch kleine Bohr- oder Schleifarbeiten erledigt das Akkugerät zur Zufriedenheit.

Vielseitiger und leistungsstärker, aber leider auch schwerer und teurer: die in fast jedem Haushalt vorhandene Handbohrmaschine mit elektronischer Drehzahlregelung, eine unverzichtbare Hilfe bei anspruchsvolleren Tuning- oder Reparaturarbeiten.

Zum Elektroschrauber gehört ein magnetischer Bit-Halter für Schraubenzieher-, Kreuzschlitz- und Inbus-Bits und für entsprechende Schraubnüsse. Fast jeder Winkel am Velo läßt sich so erreichen - und falls nicht, schließen Sie eine biegsame Welle dazwischen.

⮝ *Equipment für schmale Brieftaschen: Akkuschrauber mit Zubehör*

Bits and pieces: Einsätze für die Bohrmaschine

Das maschinelle Equipment wäre nicht vollständig ohne Bohrer vom Typ HSS. Ein Satz sollte mindestens von 3-6 Millimeter reichen (in Millimeterabstufung); besser ist ein komplettes Set von 1-10 Millimeter. Zum Gewindebohren brauchen Sie die Stärken 4,5; 7,5 und 7 Millimeter.

Was noch? Auf jeden Fall ein paar verschieden geformte Drahtbürsten. Sie fegen Rost und Lackreste weg. Setzen Sie dabei aber bitte eine Schutzbrille auf. Eine biegsame Welle macht sich bezahlt, wenn ein Rahmenrohr von innen gereinigt werden soll.

Haben Sie einen Handschraubersatz im Werkzeugkasten? Prima, denn alle Einsätze können auch im Akkuschrauber „gefahren" werden. Ansonsten werden in jedem Heimwerkermarkt komplette Bit-Sets für wenig Geld angeboten.

Bohrer	Millimeter	Inch
	1 mm	3/64 in.
	2 mm	5/64 in.
	3 mm	1/8 in.
	4 mm	5/32 in.
	5 mm	13/64 in.
	6 mm	15/64 in.
	7 mm	9/32 in.
	8 mm	5/16 in.
	9 mm	23/64 in.
	10 mm	25/64 in.

Schraubenschlüssel

Kein Weg führt um einen Satz guter Chrom-Vanadium-Schlüssel herum. Praktisch sind Kombischlüssel mit je einem Maul- und einem Ringschlüssel derselben Weite. Die Größen von 8-17 Millimeter brauchen Sie auf jeden Fall, wenn auch 16- und 17-Millimeter-Muttern am Bike selten zu finden sind.

Bestimmte Arbeiten erfordern zwei Schraubenschlüssel derselben Größe. Hier sind Sie mit einem verstellbaren Rollgabelschlüssel (Engländer) mittlerer Größe (200 mm) fein heraus. Bevorzugen Sie einen zweiten Schlüsselsatz, dann rate ich zu Maulschlüsseln

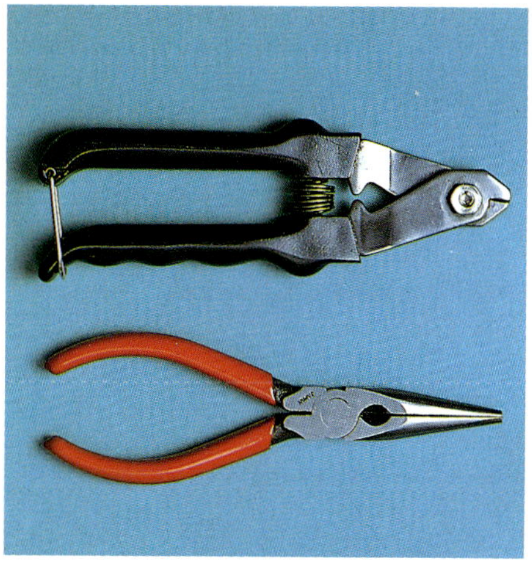

Universalinstrument: Die elektrische Bohrmaschine, speziell mit elektronischer Drehzahlregelung, bohrt, schraubt und bürstet

Flachzange und Drahtschneider sind zwar teurer in der Anschaffung, aber vielseitiger nutzbar als die Kombizange

Grundausrüstung: Der Satz Schraubenschlüssel und der Engländer gehören ebenso dazu wie ein Inbusset (hier das preiswerte Cool Tool für zu Hause und unterwegs)

Kombizange: Gewöhnlich mit Seitenschneider (für Bowdenzughüllen) und Kabelschneider (für Brems- und Schaltzüge)

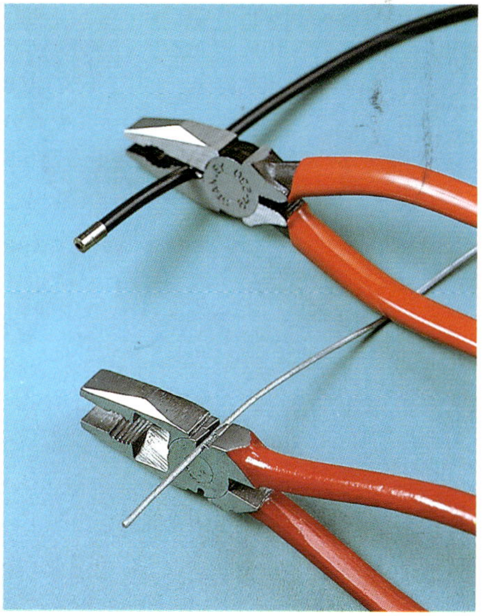

mit jeweils zwei Weiten: 8/9 Millimeter, 10/11 Millimeter, 12/13 Millimeter und 14/15 Millimeter.

Inbusschlüssel

Lassen Sie den Schund links liegen, greifen Sie tief in die Qualitätsschublade! Billige Inbusschlüssel sind ungenau kalibriert, sie drehen durch und „vergniedeln" die Schraube. Außerdem verbiegen sie, kaum daß man einmal die Muskeln spielen läßt, um eine hartnäckig sitzende Schraube zu lösen. In der Regel benötigt man einen Satz von 2-6 Millimeter (in 1-mm-Abstufung). Verschiedene Hersteller bieten einen fahrradgerechten, wie ein Taschenmesser zusammenklappbaren Schlüsselsatz an. Über den Handgriff ist eine gute Hebelwirkung zu erzielen. Sollte Ihr Bike eine 2,5-mm-Justierschraube aufweisen, kaufen Sie diesen Einzelschlüssel dazu. Die eingravierten Buchstaben CROMO signalisieren Chrommolybdänstahl, mithin gute Qualität.

Multitools

Das handige Universalwerkzeug mit Pistolengriff und Knarre gehört zu meinen Favoriten. Schraubenzieher-, Inbus- und Nußeinsätze sind in einem Magazin untergebracht, das in den Pistolengriff eingesteckt wird. Ein tolles Werkzeug! Nicht nur in der Werkstatt werden Sie Ihre Freude daran haben, sondern auch unterwegs auf allen kleineren und größeren Trips. Wie schon erwähnt, passen alle Bits auch ins Bohrfutter des Akkuschraubers.

Ein anderes, gutes Multiwerkzeug ist das Cool Tool. Inhalt: Verstellbarer Konusschlüssel, Inbusschlüssel 4/5/6 Millimeter, zwei Kreuzschlitz-

Schraubenzieher, Nietendrücker und Steckschlüssel für Kurbelbolzen.

Zangen

Meistens haben sie einen integrierten Seitenschneider (für Bowdenzughüllen) und, im Drehgelenk, einen Kabelschneider (für Brems- und Schaltkabel). Allerdings sind diese Vorrichtungen nur bei sehr guten Kombizangen von Nutzen. Die Alternative wäre eine Zange mit langen Backen - ideal für „verdeckte Operationen" - plus einer richtigen Spezialzange für Bremskabel; etwas teurer als eine Kombizange, aber wesentlich vielseitiger. Wenn Sie die Enden der Nasenzange rundschleifen, haben Sie gleich ein Werkzeug für die Lochmutter am Tretlager.

Schraubenzieher

Mit je einem extralangen Flach- und Kreuzschlitzmodell sind Sie bestens bedient. Lange Schrauben kommen sehr schnell heraus, wenn Sie den Schraubenzieher mit einer Hand direkt über dem Schraubenkopf führen und mit der anderen Hand den Griff drehen.

Gripzange

Diese verstellbare Zange verfügt über einen enorm festen Griff - eine ausgezeichnete Option für festgegammelte Schrauben, aber auch für kleine Teile, die schwer mit den Fingern festzuhalten sind.

Puksäge

Ob eine Schraube oder ein Plastikschutzblech gekürzt werden muß - die Mini-Säge (natürlich von bester Qualität) erledigt den Job.

Hammer

Zum einen brauchen Sie einen 300 Gramm schweren Schlosserhammer, eventuell mit Kugelkopf, und dazu einen Plastikhammer für empfindlichere Teile. Wer nicht gleich einen richtigen Karosseriehammer erwerben will, nimmt einen Zelthammer aus der Campingabteilung.

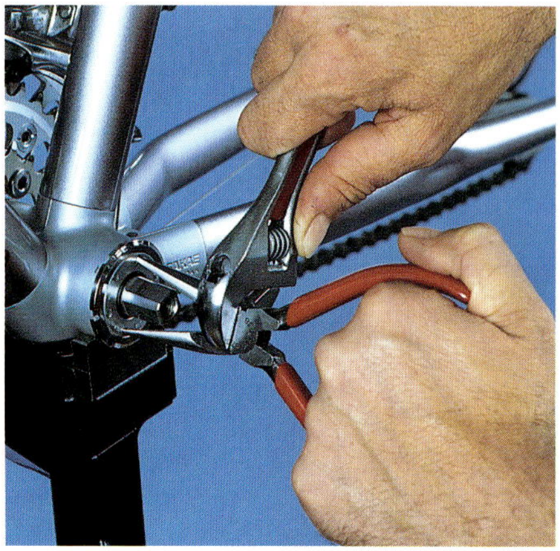

⮟ *Mit langen Schraubenziehern erreicht man jeden Winkel. Die Gripzange hält fest, was man ihr zwischen die Zähne gibt. Eine Puksäge packt fast jedes Material. Schlüsselfeilen am besten gleich im Set kaufen. Zum Saubermachen: Pinsel, Draht- und Zahnbürste.*

⮝ *Pfiffige Tretlagerdemontage: Zange fest andrücken, Engländer am Zangengelenk ansetzen und langsam herumdrehen.*

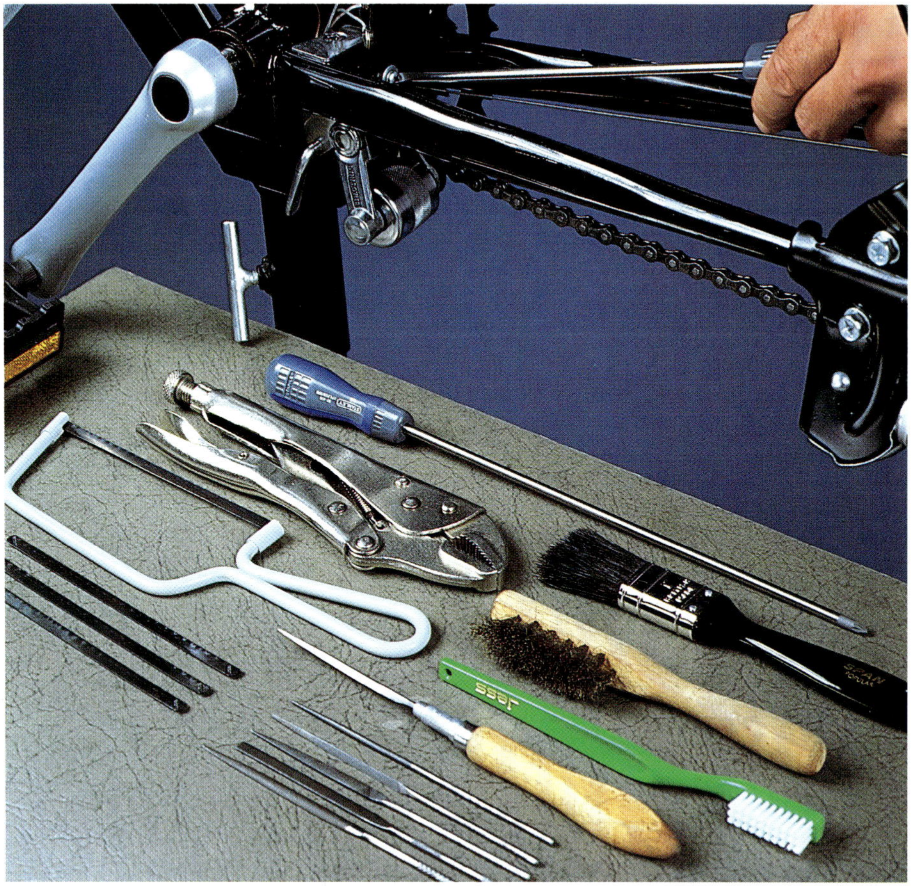

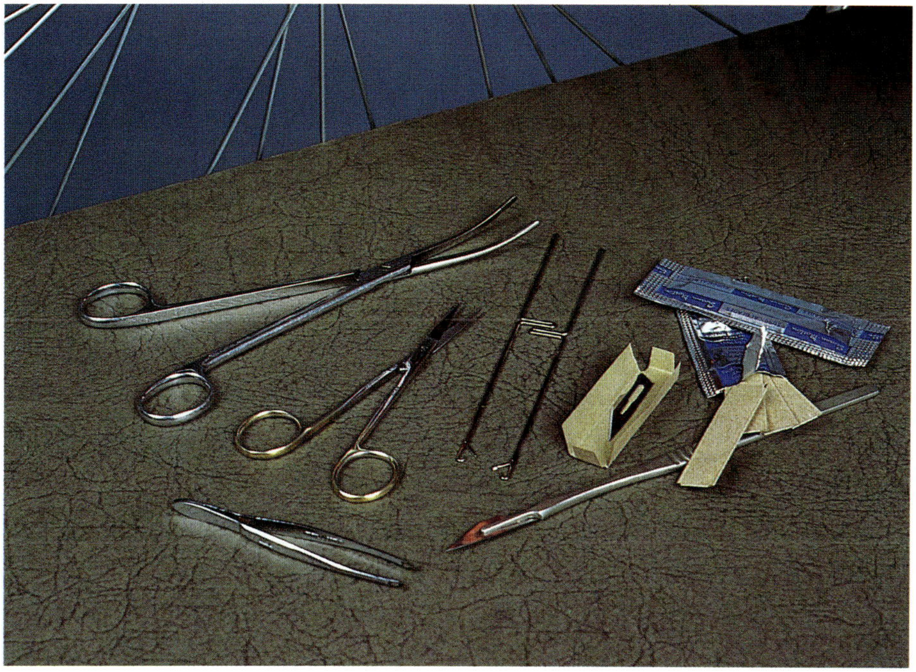

≺ *Operationsbesteck für Velochirurgen: Mit Pinzette und Klammer, Haken und Schere sowie einem Skalpell lösen Sie knifflige Aufgaben*

Ein paar Durchtreiber und Stifte dienen als „little Helpers“. Es sind Rundstahl- oder Rohrenden, die mit einem gezielten Hammerschlag viel Kraft auf einen kleinen Punkt bringen. Auf diese Weise kriegen Sie sogar den Konterring am Tretlager los (normal: mit Hakenschlüssel). Für einen scharfen Schlag eignet sich ein 15 Zentimeter langes Stück Cromo-Rundstahl von 10 Millimeter Durchmesser. Soll die Wirkung etwas gedämpfter sein, greifen Sie zu einem Stück Kupferrohr oder einem Rundholz.

Feilen

Viel gibt es am Velo nicht zu feilen. Mal muß ein Gewindegang nachgezogen, mal hartnäckiger Rost entfernt oder ein klemmender Bolzen gängig gemacht werden. Preiswerte Schlüsselfeilen kommen meist im Set einher, komplett mit Rund-, Flach-, Halbrund-, Dreiecks- und Rechteckprofil. Wenn Sie eines Tages doch mal große Feilen brauchen, kaufen Sie auf jeden Fall gute Markenware.

Chirurgische Instrumente

„Werkzeug“ aus dem Operationssaal ist ideal für den Umgang mit Kleinteilen (Kugeln aus Kugellagern, Mini-Schrauben o.ä.). Mein Arsenal enthält Pinzette und Schere, Klemmzange und Haken sowie ein Skalpell mit austauschbaren Klingen. Neuerdings werden diese Artikel öfter auf Flohmärkten angeboten - im Fachhandel kosten sie viel Geld.

Gewindebohrer und Schneideisen

Ein beschädigtes Innengewinde wird mit einem Gewindebohrer (M5, M6 oder M8) im Nu wieder gängig. Um ein neues Gewinde zu schneiden, bohren Sie mit 4,5 Millimeter, 5,5 Millimeter oder 7 Millimeter vor. Der Gewindebohrer wird in einen Halter („Wendeisen“) eingesetzt und eingedreht. Nach zwei bis drei vollen Umdrehungen geht man dann sehr langsam vor: immer eine halbe Umdrehung vorwärts, eine Viertelumdrehung zurück. Ein Außengewinde wird mit dem in eine „Kluppe“ eingesetzten Schneideisen in ähnlicher Weise aufgedreht.

Bürsten

Wenn schon säubern, dann richtig! Mit Pinsel, kleiner Drahtbürste und Zahnbürste kommen Sie in jede Ecke.

Der individuelle Werkzeugschrank

Den idealen Werkzeugschrank habe ich nirgends gefunden. Da gibt's nur eins: selber machen. Mein Eigenbau ist transportabel, kann überall aufgebaut und sogar an die Wand gehängt werden.

Einen maßgeschneiderten Werkzeugschrank kann man sich als „große Lösung“ vorstellen mit allem, was irgendwann mal gebraucht werden könnte. Je mehr hier untergebracht wird, desto weniger muß anderweitig verstaut oder transportiert werden. Einerseits bestechend praktisch, andererseits tonnenschwer! Zwei kleinere wären vielleicht besser ...

Wie die Superkiste letztlich aussieht, liegt ganz bei Ihnen. Vielleicht ma-

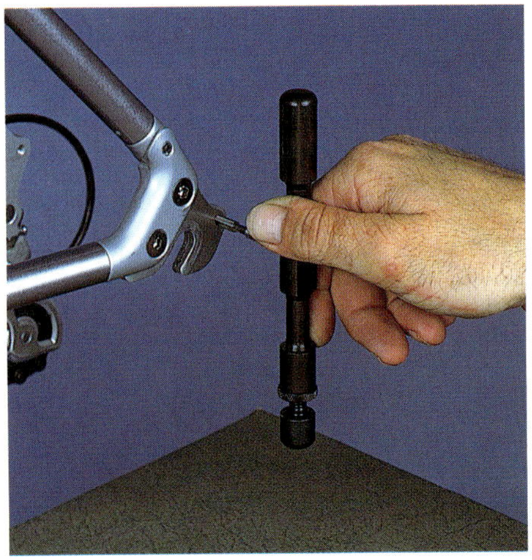

⮝ *Zur sauberen Handhabung des Gewindebohrers gehört eigentlich ein Wendeeisen - ein Engländer tut's notfalls auch*

Vorbohren	Gewindebohrer
4,5 mm	M5
5,5 mm	M6
7 mm	M8

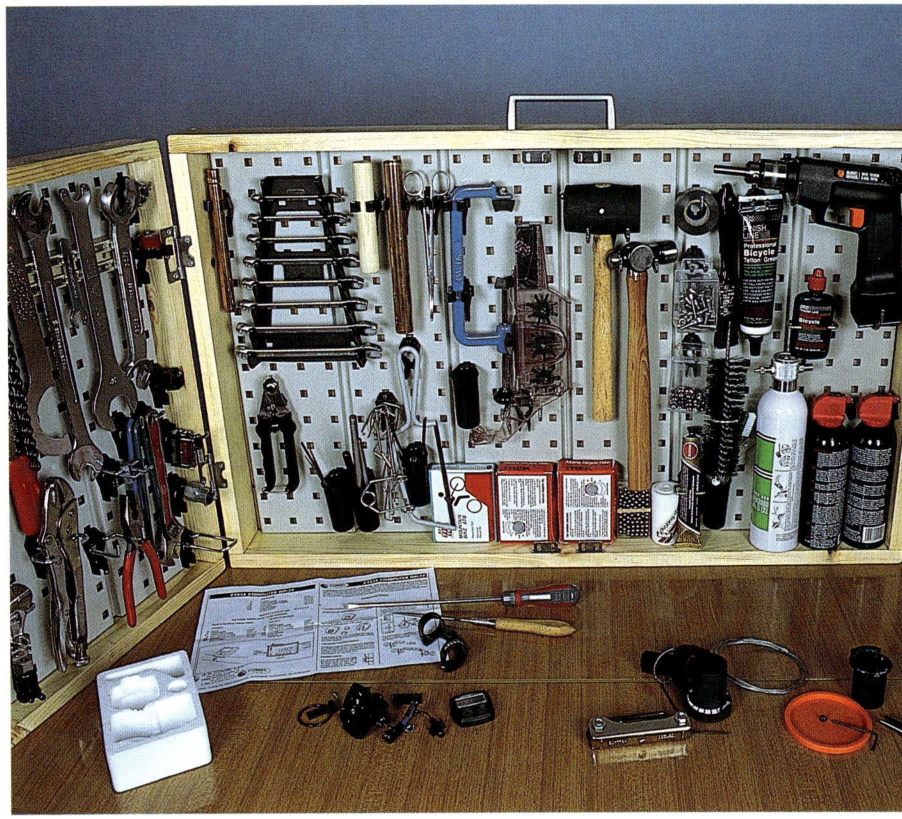

⮝ *Ergonomisch aufgebauter Werkzeugschrank mit Magnetleiste (links oben), Haken und Clips; die Lochplatten bekommt man in jedem Baumarkt*

chen Sie sich spontan an die Arbeit, und es entsteht ein schnell zusammengebasteltes Teil. Oder Sie ordern den Schrank beim Tischler und bekommen ein Prachtstück ins Haus, an dem noch Ihr Enkel seine Freude haben wird.

Innen muß natürlich Ordnung herrschen, hängen Sie dazu die Werkzeuge an Haken auf, oder befestigen Sie sie mit Klammern. Da die Rückwände zumeist nicht stark genug sind, um Holzschrauben einzudrehen, greift man zweckmäßigerweise auf Maschinenschrauben (mit Unterlegscheiben und Muttern) oder (Blind-) Nieten zurück. Kräftige Magnetleisten sind besonders praktisch - ein Klack, und das Werkzeug sitzt an Ort und Stelle, selbst beim Transport.

Die besten Erfahrungen habe ich mit handelsüblichen Lochplatten gemacht. Diese Paneele aus Blech, Kunststoff oder Hartfaserplatten bieten fast unbegrenzte Variationen zur Anbringung von Haken, Ösen und Clips. Auf diese Weise lassen sich unterschiedlichste Werkzeuge übersichtlich unterbringen.

Wie macht man den Schrank zum Koffer? Ganz einfach: oben einen (kräftigen!) Handgriff montieren. Ein gut gepolsterter Schultergurt empfiehlt sich als ergänzende Tragehilfe.

⮟ *Geballte Kraft, gezielte Wirkung: Hammer, Stift oder Rohr können sogar einen Hakenschlüssel (C-Schlüssel) ersetzen*

Passen Sie bitte auf, daß der Werkzeugschrank richtig schließt - besonders unterwegs!

Sicher wollen Sie auch den Akkuschrauber im Schrank verstauen. Akku und Ladegerät können woanders stehen. Oder Sie integrieren, vom Tüftelvirus gepackt, die ganze Elektrik in den Schrank. In diesem Fall würde man vielleicht nur noch ein dezent aus dem Koffer hängendes Anschlußkabel einstecken müssen ...

Werkzeugkasten

Die Alternative für den selbstkonstruierten „James-Bond-Koffer" ist eine große Werkzeugbox, in der alle Werkzeuge, Ersatzteile, Hilfsmittel und Materialien Platz haben.

Erfahrungsgemäß ist das Verstauen wesentlich einfacher als das Wiederfinden. Kennen Sie nicht auch das rätselhafte Phänomen, daß das gerade benötigte Werkzeug immer ganz unten liegt? Ich rate deshalb zu einem Werkzeugkasten mit verschiedenen Unterteilungen, Einsätzen und Schubladen. Hier kann man jedem Werkzeug seinen Stammplatz zuweisen - die gängigsten kommen ganz nach oben - und einigermaßen Ordnung halten.

Werkzeugkosmetik

Wahrscheinlich wird Sie eine ganze Anzahl von Fahrrädern durchs Leben begleiten - aber, wenn Sie es richtig anfangen - nur eine Werkstattausrüstung. Werkzeug ist eine Anschaffung fürs Leben. Gut gepflegt, hat es eine deutlich höhere Lebenserwartung als Sie selbst.

Säubern und dünn einfetten, viel mehr ist nicht nötig. Wichtiger ist der korrekte Gebrauch, denn Werkzeugverschleiß entsteht nur durch Unachtsamkeit. Wenn Sie den genau passenden Schrauben- oder Inbusschlüssel benutzen und ihn im richtigen Winkel ansetzen, wird er ewig halten.

Die wichtigste Regel überhaupt lautet: niemals Werkzeug verleihen! Bieten Sie lieber an, die Reparatur selbst zu erledigen, als Ihre kostbaren Instrumente aus der Hand zu geben. Für hartnäckige Familienmitglieder oder Freunde lohnt es sich womöglich, eine Billiggarnitur (und gleichzeitig ein Vorhängeschloß für Ihren Werkzeugkoffer) anzuschaffen.

Die Bits-Box

Eine Bits-Box, zu deutsch Grabbelkiste, kann man nicht kaufen. Sie entsteht quasi von selbst. Ich persönlich bin ein passionierter Sammler und bewahre alles auf, was sich eines fernen Tages als nützlich erweisen könnte. So rette ich zum Beispiel alle Schrauben, Unterlegscheiben, Muttern, Schellen usw. von ausgebauten Fahrradkomponenten und werfe nur weg, was wirklich kaputt ist. Aufbewahrt wird die Kollektion in einer Plastikbox.

Um den Inhalt der Grabbelkiste rostfrei zu halten, bekommt er von Zeit zu Zeit eine milde Sprühwachsgabe.

⮟ Praktisch: Großer Werkzeugkasten mit Schubladen, Trennwänden und unterteiltem Einsatz

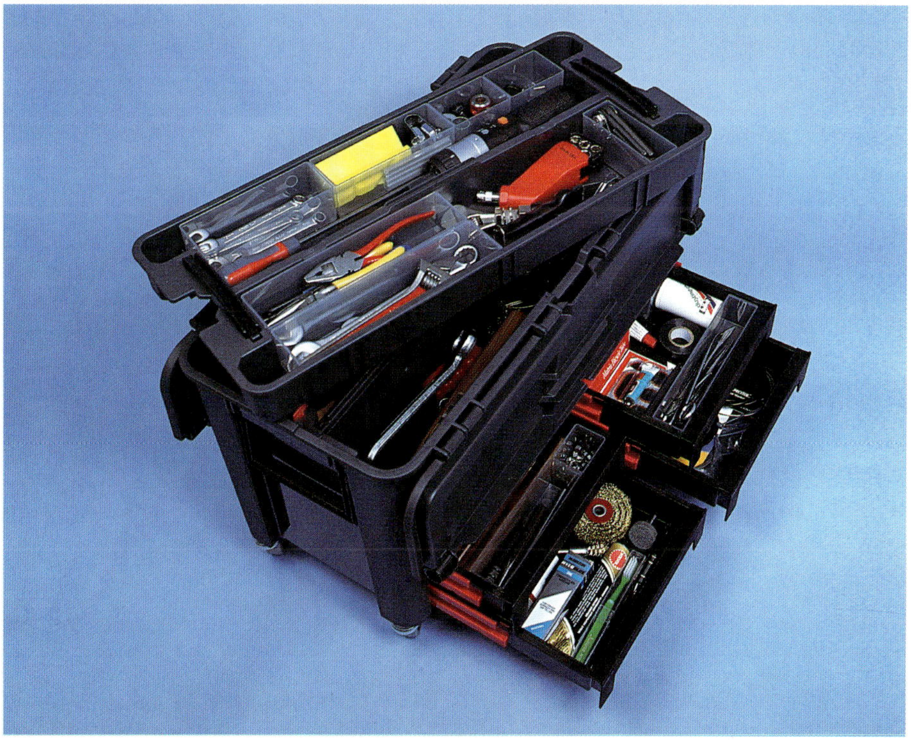

Nun ist es soweit - Sie brauchen diesen winzigen Federring, von dem Sie wissen, daß er sich in der Grabbelkiste aufhält. Kippen Sie den ganzen Kram einfach auf eine große Unterlage - vielleicht ein ausgedientes Backblech. Wunderbar, da ist der Ring ja schon!

Luft

Um einen Reifen aufzupumpen, dürfte eine normale Luftpumpe völlig ausreichen. Für den Werkstattgebrauch wird man über kurz oder lang aber mit einer Standpumpe liebäugeln. Dies senkrecht stehende Gerät mit doppeltem, ausklappbarem Standfuß und beidhändigem Hebel liefert wesentlich mehr Luft pro Hub. Eine Ausführung mit eingebautem Manometer ist sinnvoll, um den Pneu nicht übermäßig aufzupumpen.

Hausgemachte Preßluft

In anderen Ländern gang und gäbe, in Deutschland leider kaum zu finden: wiederaufladbare Sprühflaschen (Jennicans). Sie sind per Handpumpe oder Kompressor aufzuladen und können entweder als „Luftspritze“ zum Reinigen von Fahrradkomponenten oder zum Einsprühen (Öl, Wachs, Lack, Wasser o.ä.) eingesetzt werden.

Ersatzteile und Verbrauchsmaterial

Es törnt ab, wenn man dauernd die Arbeit unterbrechen muß, um das gerade benötigte Kleinteil beim Fahrradhändler zu holen. Sorgen Sie deshalb für einen qualifizierten Grundstock an Verschleißteilen. Was Sie

▲ Schatzkiste für Schrauber: Bit-Box mit gesammelten Kleinteilen

bevorraten wollen, hängt allein vom vorhandenen Platz und vom Kontostand ab.

Zum Verbrauchsmaterial rechne ich Schmier- und Reinigungsmittel, Klebebänder, Kleber usw.

Es wird immer schwieriger, das komplexe Angebot der Schmier- und Pflegemittel zu durchschauen. Welcher Werbung soll man trauen, welchem der widersprüchlichen Expertenurteile Glauben schenken? Halten wir fest: Es geht um die Grundsatzentscheidung zwischen der klassischen Mineralölschiene und den neueren synthetischen Schmierstoffen.

Als schreibender Profiradler habe ich viele verschiedene Produkte an meinen Velos getestet. Zusammenfassend läßt sich sagen, daß beide Linien

▲ Angewandtes Recycling: Ausgediente Speichen lassen sich noch für die unterschiedlichsten Zwecke einsetzen

ihre Vorteile haben. Wichtig aber ist, daß man sie nicht zusammen anwendet. Jeder Hersteller hat seinen eigenen Mix von Additiven, die sich untereinander nicht ohne weiteres vertragen. Mein Tip: Entscheiden Sie sich für eine Richtung und einen Hersteller, und bleiben Sie dabei.

Mit Luftdruck aus wiederaufladbaren Sprühflaschen können Sie prima Fahrradteile reinigen oder mit Öl, Wachs, Lack usw einsprühen

⮝ Diese Teile sollten Sie auf Lager haben:

- Schrauben, Muttern, Zwischenringe
- 2 Schläuche
- Ventile
- kompletter Satz Schalt- und Bremskabel
- Glühlampen und Batterien
- Kette
- Kugeln für verschiedene Lager
- 1 Paar Bremsklötze
- Ersatzschlüssel für Fahrradschloß
- 1 Satz Schaltungsrädchen

In letzter Zeit scheinen die Synthetikschmiermittel die Oberhand zu gewinnen. Mir persönlich gefallen die speziell für Bikes entwickelten Produktreihen sehr gut. Sie lassen praktisch keinen Wunsch offen und sind benutzerfreundlich (z.B. Sprühwachs, das nicht klebt). Die einzelnen Bestandteile - Schmiermittel, Fette, Polituren, Reiniger usw. ergänzen sich gegenseitig.

Putzlappen

Davon kann man nie genug haben. Sortieren Sie sie nach Benutzungsgrad: dreckig, mittel, sauber. In dieser Reihenfolge sollte man die Tücher auch beim Säubern eines stark verschmutzten Teils anwenden. Beim Zusammenbauen der Teile müssen es aber blitzsaubere Tücher sein.

Recycling statt Wegwerfen

Ausgediente Speichen gehören nicht in den Müll. Überlegen Sie nur, was man alles damit anfangen kann. Ich sage nur: S-Haken! Zum Beispiel, um die Kette zu entspannen (mit dem Haken wird die Schwinge des Schaltwerks nach vorn gezogen und gehalten). So ein Recyclingwerkzeug verdient doch einen Ehrenplatz in der Werkstatt, oder?

Auch alte Fahrradschläuche sind ideale Objekte zur Wiederverwertung. Mit einer Schere in Streifen geschnitten, kommen sie zu neuen Ehren. Ein solches Gummiband, um Lenker und Bremsgriff gebunden, zieht die Bremse an (nicht nur in der Werkstatt, sondern auch als Parksicherung, wenn das Rad per Ständer abgestellt wird). Ein anderer Tip: Wenn Sie gerade mal den Steuersatz überholen - dazu werden Vorbau plus Lenker und Gabel demontiert - rollen Sie ein Stück Fahrradschlauch über die Lagerschale. Nach dem Zusammenbau ergeben solche Stücke exzellente Dichtungen, die die Lager vor Nässe schützen.

So weit, so gut

Das hier skizzierte Werkstatt-Outfit genügt für die meisten Arbeiten am Fahrrad (vorausgesetzt, Sie wissen, wie man's anfängt. Aber das will dieses Buch ja zeigen). Später kommen mit Sicherheit neue Werkzeuge hinzu - eine gute Werkstatt ist nie komplett ...

⮟ ... und an Verbrauchsmaterial:

- Kunststoff-Klebeband
- Isolierband zum Abdecken einer provisorischen Kabelverbindung
- Schraubenzement
- Zweikomponentenkleber
- Schmirgelleinen
- Metallpolitur
- Talkumpuder
- Gummilösung und Flicken
- Plastikkabelverbinder
- Schmiermittel und Reiniger

ALLES CLEAN?

Ein gut geputztes Velo erleichtert Wartungsarbeiten und Reparaturen. Zumindest vor der vier- bis sechswöchigen Inspektion muß es sauber sein.

Schnell und gründlich geht das mit einem Gartenschlauch. Mit aufgesetzter Düse kommt mehr Druck auf den Wasserstrahl, aber doch nicht so viel, daß er in die Kugellager eindringen würde.

Wie oft Sie den Saubermann spielen, hängt vom Gebrauch des Bikes ab. Ein verschlammtes Mountainbike muß sofort unter die Dusche; ein City-Bike braucht nur alle vier bis sechs Wochen geputzt zu werden.

Putzutensilien:

- *leichter Fahrradständer*
- *Kettenwerkzeug (Nietendrücker)*
- *Metallwanne (Backblech)*
- *Pinsel*
- *wasserlöslicher Kaltreiniger*
- *Gartenschlauch*
- *Eimer mit heißem Wasser*
- *Teelöffel Essig*
- *Spülmittel*
- *weicher Handfeger*
- *Handtuch*

Nach der Schlammschlacht

Sie kommen vom Offroad-Trip nach Hause. Jetzt ist Waschen angesagt, solange der Matsch noch saftig ist. Getrockneter Schlamm geht meistens mit Rost einher und ist schlecht zu entfernen.

Für die Reinigung genügen der Wasserschlauch und ein weicher Handfeger. Lassen Sie die Kette aufgelegt. Nachdem der Schmutz abgespült ist, nebeln Sie die Kette und die beweglichen Teile mit einem (wasserverdrängenden) Sprühwachs ein. Dazu braucht das Rad nicht abgetrocknet zu werden. Achten Sie nur darauf, daß kein Wachs auf die Felgenflanken und die Bremsklötze kommt.

Ein Hochdruckreiniger, wie bei Autowaschanlagen üblich, ist natürlich eine Versuchung. Nichts wäscht so porentief rein wie der Power-Dampfstrahl. Inzwischen aber hat sich wohl herumgesprochen, daß dies auch der schnellste Weg ist, Kugellager zu ruinieren. Also: Finger weg von diesem Instrument!

Wäsche nach Fahrplan

Es mag übertrieben klingen, aber auch die Reinigung sollte nach einer klaren Routine ablaufen. Sehen wir uns dazu die einzelnen Schritte an.

Fahrrad aufrecht hinstellen

Ob an die Wand gelehnt, im Montageständer eingespannt oder per Ständer abgestellt, es muß normal stehen. (Zum Festbremsen machen sich jetzt die Gummibänder aus recyceltem Fahrradschlauch nützlich). Beim über Kopf gestellten Rad würde Wasser in die Steuersatzlager und eventuell auch in die Rahmenrohre eindringen.

▲ *Bis in die kleinsten Winkel: mit Handtuch und (notfalls) Schraubenzieher geht's zwischen die Ritzel*

▲ *Im Winter müssen auch die Bremskörper gesäubert werden*

▼ *Liegt beim Eingießen die Tülle oben, gibt es weniger Spritzer*

Kaltreiniger eingießen

Am günstigsten ist ein Fünf-Liter-Kanister. Beim Eingießen trage ich prinzipiell eine Schutzbrille und säurebeständige Gummihandschuhe. Billige Normalhandschuhe gehen auch; Sie müssen sie allerdings nach einmaligem Gebrauch entsorgen ... Füllen Sie die Wanne nur halbvoll, damit nichts überschwappt.

Kette abnehmen

Wie man das bewerkstelligt, lesen Sie auf Seite 46. Die demontierte Kette kommt danach zum Einweichen in eine Wanne.

Entfetten

Der Malerpinsel wird eingetaucht. Pinseln Sie alle öligen Teile satt mit der Antifettlösung ein; insbesondere den Zahnkranz, das Schaltwerk mit den Schalträdchen und die Zähne der Kettenblätter. Im Winter würde ich auch die Felgen und die Bremskörper behandeln. Aber bitte immer vorsichtig, damit keine Spritzer in die Augen oder auf die Haut kommen.

Sind die kritischen Punkte eingepinselt, nehmen Sie sich die hartnäckigen Verschmutzungen vor. Für die Intensivbehandlung greifen Sie zur nächsthärteren Bürste (Zahnbürste). Lassen Sie den Fettlöser einige Zeit einwirken. Die Wanne kann jetzt beiseite gestellt werden, damit nachher beim Abspülen kein Wasser in die Lösung fließt.

Waschgang

Geben Sie einen Schuß Spülmittel und einen Teelöffel Essig als milden Entfetter in einen Eimer heißes Wasser. Mit dem Handfeger wird nun das ganze Velo abgeseift, speziell die mit dem Kaltreiniger behandelten Zonen. Wo der Schmutz nicht weichen will, müssen Pinsel oder Zahnbürste her. Vorsicht beim Waschen der Naben - hier darf kein Wasser eindringen.

Spülgang

Mit klarem Wasser brauchen Sie nicht zu sparen - nun muß alles runter, was vorher zur Reinigung nötig war. Wenn alles blitzt und blinkt, entfernen Sie das Wasser, indem Sie das Fahrrad anheben und kräftig auf die Reifen aufstoßen (ein Schleudergang ist aus technischen Gründen ja leider nicht möglich). Anschließend wird abgetrocknet. Nun ist die Maschine bereit für die Wartung.

DEMONTAGE

Die Zeit ist reif für eine Grundüberholung. Jetzt muß das Rad in seine Bestandteile zerlegt werden. Ein Vorgang, der sich direkt an die eben beschriebene Reinigung anschließt. Das Bike ist clean. Nun können die Komponenten abgebaut, nötigenfalls zerlegt und ebenfalls saubergemacht werden.

Vielleicht bauen Sie vorher eine Batterie von Pappschachteln oder Plastikdosen auf - eine für jedes Teil. So kann nichts verlorengehen, nichts verwechselt werden.

Wie man die einzelnen Komponenten abbaut, entnehmen Sie bitte den entsprechenden Kapiteln.

Kette

- Die haben Sie zum Putzen abgenommen.

Laufräder

- Gleich zu Anfang herausnehmen - dann kommen Sie leichter an andere Teile heran.
- Ziehen Sie jetzt das Zahnkranzpaket ab, und legen Sie es in die Schachtel für Antriebsteile.
- Reifen abziehen und zusammen mit den Schläuchen und den Felgenbändern so aufhängen, daß sie nicht im Wege sind.

Zubehörteile

- Alle Beleuchtungsteile einschließlich der Kabel kommen in eine Extra-Box.
- Gepäckträger abschrauben und weghängen.
- Auch die Schutzbleche werden demontiert und an einen Wandhaken gehängt.
- Flaschenhalter abschrauben. Drehen Sie anschließend die Schrauben wieder ein, damit keine Feuchtigkeit in die Rahmenrohre gelangt.
- Entfernen Sie alle weiteren Extrateile (zum Beispiel Computer).

Bowdenzüge

- Alle Züge aus den Verankerungen lösen, abnehmen und zusammenrollen.
- Merken Sie sich, welche Seilbandagen wohin gehören.
- Wenn Sie unsicher sind, etikettieren Sie die einzelnen Züge vor der Demontage.
- Die Bremszüge kommen zu den Bremsteilen, die Schaltzüge zum Antrieb.

Lenker

- Erst die Kabel aushaken, dann den Lenker komplett mit Vorbau, Brems- und Schaltgriffen abnehmen.
- Hängen Sie das „Geweih" zur Seite.

Sattel und Sattelstütze

- Sattelstütze lösen und mit Sattel herausnehmen (der Schnellspanner kann am Rahmen bleiben).
- Sauberen Lappen ins Sitzrohr stopfen.

Bremsen

- Bremskörper abnehmen.
- Befestigungsbolzen von Cantileverbremsen mit Drahtenden an den Bremskörpern befestigen, damit sie nicht verlorengehen.

Pedale

- Wenn Sie sie abnehmen wollen, dann jetzt!

Kurbelgarnitur

- Kurbeln abziehen.
- Innenlager abnehmen, Kugellager in Kaltreiniger einweichen.

Gangschaltung

- Der Umwerfer kann bleiben, das Schaltwerk muß ab.

Gabel

- Steuersatz demontieren und einweichen lassen.
- Gabel herausnehmen.

Kleinteile säubern

Hier muß wirklich alles bis ins letzte akkurat gesäubert werden. Vor allem die Laufbahnen der Kugellager sollten Sie unter die Lupe nehmen. Hartnäckige Schmiere bekommt man notfalls mit Waschbenzin in den Griff.

Reinigerrecycling: Erst die Schmutzpartikel auf den Boden sinken lassen, dann die Flüssigkeit mit einer kleinen Handpumpe in den Kanister zurückbefördern

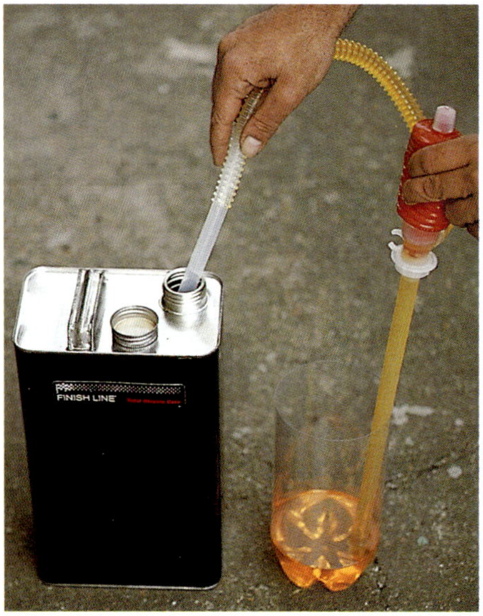

⮝ *Wenn Wasser zum Entfetter kommt, wird er neutralisiert und nimmt eine milchige Färbung an*

Benzin oder Spiritus lösen klebrige Rückstände und sogar verharzte Kugellagerschmiere. Beides verfliegt schnell und hinterläßt eine „klinisch" saubere, metallisch blanke Oberfläche. Auch der Lenker läßt sich damit von zähen Lenkerbandresten befreien.

⮝ *Verschmutzter Sattel: Nur mit Wasser reinigen und anschließend mit Pflegemittel imprägnieren. Bei der Velowäsche wird der Sattel abgedeckt*

Zur Standardbehandlung jedoch wandern alle Kleinteile in das obligatorische Bad mit wasserlöslichem Fettlöser. Vergessen Sie dabei bitte nicht die Schutzbrille und die speziellen Gummihandschuhe - Augen und Hände mögen diese Flüssigkeit nicht.

Kleinteile mit verborgenen Innenlagern und beweglichen Teilen, die Sie nicht restlos zerlegen möchten, dürfen natürlich nicht in das Entfettungsbad getaucht werden.

Der nächste Schritt besteht folgerichtig in der Behandlung mit einer Seifenlösung. Es folgt das Abspülen mit Wasser. Beim anschließenden Abtrocknen mit einem sauberen Tuch verschwinden auch die letzten Verunreinigungen. Ist noch Feuchtigkeit vorhanden, etwa im Innern von Drehgelenken? Ein Schuß Kontaktspray schafft Abhilfe.

Gummiteile wie Reifen, Lenkergriffe und Bremsklötze nehmen die Behandlung mit Kaltreiniger auf Dauer übel. Warmes Seifenwasser reicht völlig aus.

Auch Ihre Bordelektrik sollten Sie nicht mit Entfetter und Wasser in Berührung bringen. Korrodierte Kontakte werden am besten mit feinem Schmirgelpapier blank gemacht.

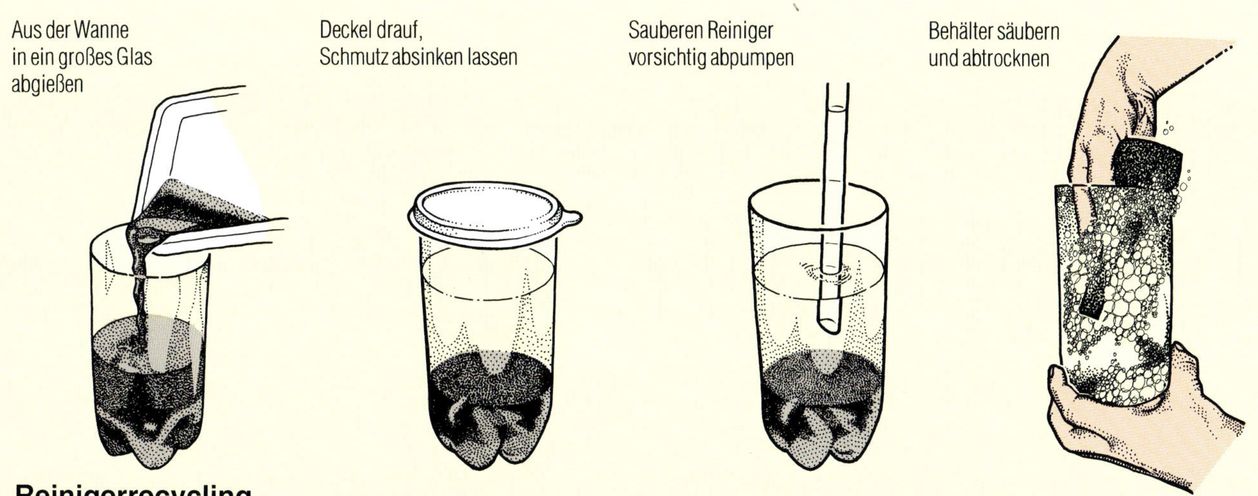

Reinigerrecycling

ROUTINEKONTROLLE

Es lohnt sich auf jeden Fall, einmal pro Woche das Fahrrad aufzubocken und einer Kontrolle zu unterziehen. Der Check mit seinen kleinen Einstellungsarbeiten gewährt Ihnen eine ganze Woche ungetrübten Radelspaß. Der Zeitaufwand hält sich in engen Grenzen; Sie müssen das Rad zum Beipiel nicht putzen. Lediglich im Winter sollte man die Überholung mit einer Grundreinigung verbinden, um die aggressiven Streusalze zu entfernen.

Kleine „Kinken" kündigen sich meist akustisch an. Ein Klappern hier, ein Quietschen dort. Gestern ließ sich der vierte Gang nicht mehr schalten, heute ist eine Mutter verschwunden. Es ist überhaupt erstaunlich, wie schnell sich Schrauben lösen, selbst wenn sie fest angezogen wurden. Das sind kleine Probleme, die man gleich anpacken und nicht auf die lange Bank schieben sollte.

Gerade die Routine macht den Check so wertvoll. Durch die Regelmäßigkeit der Überprüfung fallen nur noch minimale Arbeiten an - Züge nachspannen, Schaltung justieren u.ä. Richtige Reparaturen werden kaum noch nötig.

Damit alles läuft wie geschmiert, können Sie die Checkliste fotokopieren und an die Werkstattwand hängen. So haben Sie die Gewähr, daß sich kein Teil ungeprüft durch die Kontrolle mogelt. Vielleicht fügen Sie noch ein paar Notizen hinzu, denn Ihr Bike wird nicht in jedem Detail mit dem abgebildeten übereinstimmen.

Der Ablauf ist ganz einfach. Gehen Sie Punkt für Punkt nach der Checkliste vor. Auf der Abbildung finden Sie alle genannten Teile wieder. Die Zahlen dahinter verraten Ihnen, auf welcher Seite Sie die Details nachlesen können.

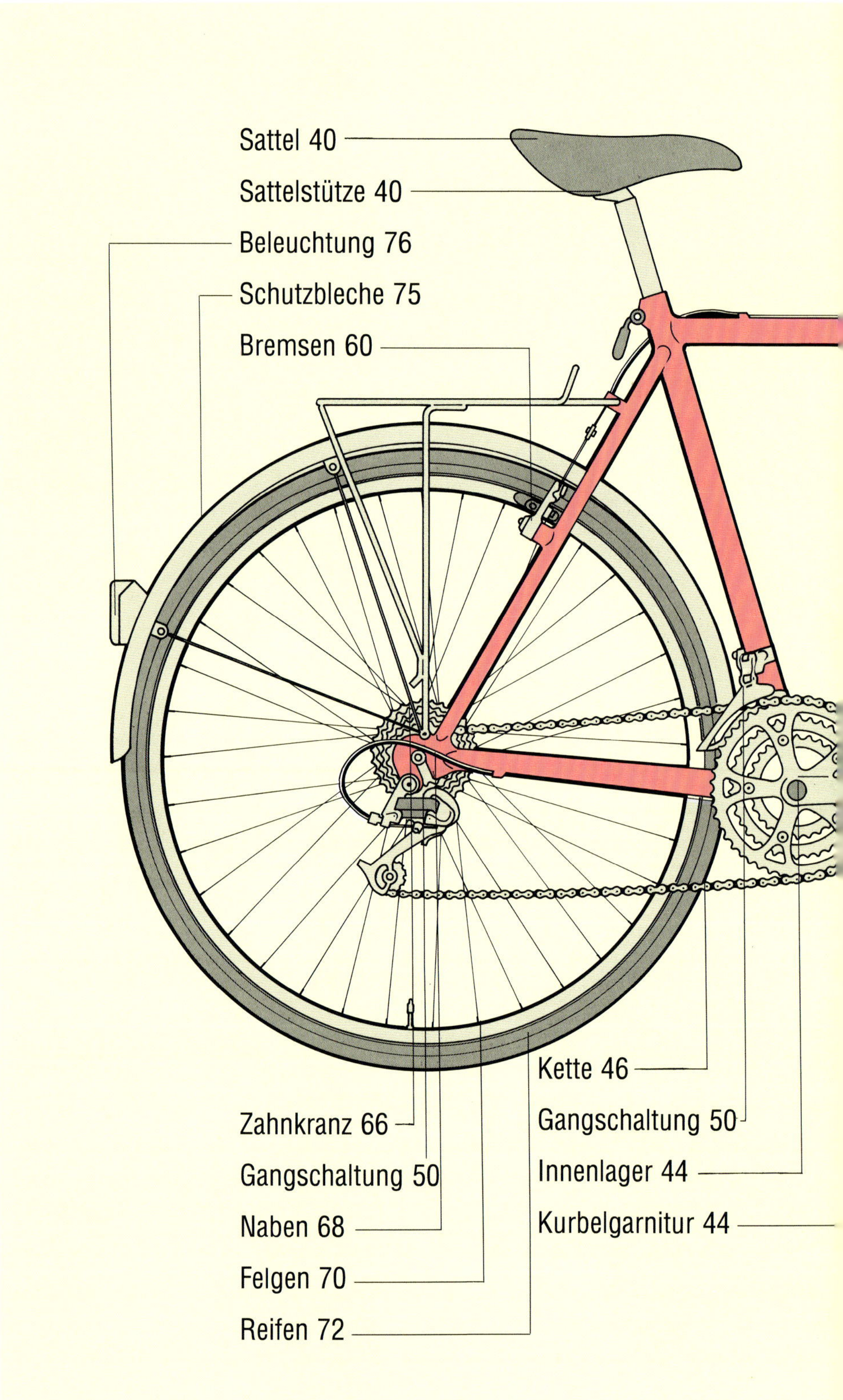

Kette

- **Winter:** Abnehmen, säubern und trocknen, auf Abnutzung und steife Gelenke durchsehen, einfetten/ wachsen; **Sommer:** Nur einfetten/wachsen
- **Rotationsmethode** (S.48-49): Abnehmen und zum Schluß neue Kette auflegen

Reinigung

- Falls nötig, Velo waschen

Laufräder

- Speichenspannung o.k.?, Naben drehen leicht und ohne Reibung?

Reifen

- Keine Beschädigungen auf Lauffläche und Flanken? Reifendruck ausreichend?

Bremsen

- Bremszüge richtig justiert?
- Ein Tröpfchen Öl ins Drehgelenk

Bowdenzüge

- Innenzug glatt, ohne Auffaserungen? Keine Risse oder Knicke im Außenzug?

Kugellager

- Steuersatz nicht zu locker und nicht zu fest? Innenlager richtig eingestellt? Pedale drehen frei?

Gangschaltung

- Läßt sich jeder Gang schalten?
- Alle Gelenke mit einem Tropfen Öl abschmieren

Beleuchtung

- Funktionieren Scheinwerfer/Rücklicht?

Schutzbleche

- Überprüfen, ob der Reifen an der Schutzblechhalterung scheuert

Kette

- Wieder auflegen (Winter)
- Auf „steife Glieder“ überprüfen

Schrauben/Muttern

- Sämtliche Schraubverbindungen nachziehen. Erstellen Sie einen kompletten „Schrauben-Index“, damit keine vergessen wird. Bewahren Sie diese Liste beim Werkzeug auf.

WARTUNG

Alle vier bis sechs Wochen wird die Routinekontrolle Wochenend-Check durch die etwas gründlichere Wartung ersetzt. Aber auch die geht ziemlich schnell über die Bühne - es sei denn, eine Reparatur wird fällig.

Ein wichtiger Bestandteil ist das gründliche Clean-Up, ob im Sommer oder Winter. Bei Schnee und Eis gehen Sie bitte besonders gründlich vor, sonst fressen die Streusalze Ihr Velo auf ...

Verfahren Sie nun genau wie bei der Routinekontrolle; haken Sie Punkt für Punkt ab. Alle erwähnten Teile finden sich in der Abbildung wieder; die Zahlen geben an, auf welchen Seiten die Details stehen. Am Ende der Wartung steht die Probefahrt. Alles klar? Na bitte!

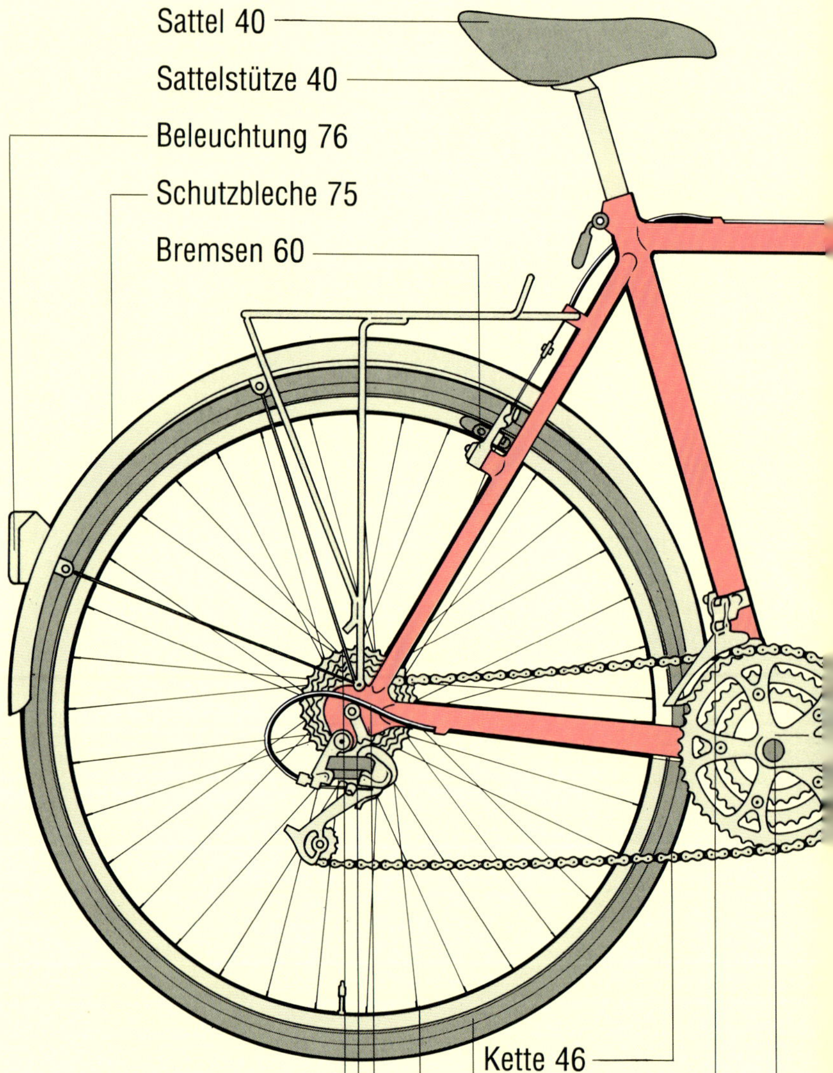

Kette

- Abnehmen
- Säubern und trocknen
- Auf Abnutzung und steife Gelenke durchsehen
- Bei Rotationsmethode: neue Kette bereitlegen

Reinigung

- Vorm Einspannen in den Montageständer:
- Velo gründlich säubern
- Steuersatz sauber eingestellt?
- Rahmen und Laufräder in Flucht?
- Steht der Lenker korrekt?

Laufräder

- Speichenspannung o.k.?
- Felgen unversehrt?
- Läuft das Rad rund, ohne Höhen- oder Seitenschlag?
- Naben drehen leicht und ohne Reibung?
- Laufräder ausbauen

Zahnkranz
- Ritzel heil? Zahnkranz leichtgängig?

Reifen
- Ohne Risse und Löcher?
- Luft rauslassen, Schläuche und Felgenband überprüfen

Bremsen
- Bremsklötze säubern, Verschleiß kontrollieren. (Falls nötig, ausbauen)

Bowdenzüge
- Komplett abbauen. Läuft das Kabel weich in der Hülle?
- Innenzug glatt, ohne Auffaserungen?
- Keine Risse oder Knicke im Außenzug? Züge wieder montieren

Kugellager
- Innenlager richtig eingestellt?
- Pedallager korrekt justiert?

Schaltwerk
- Schalträdchen abgenutzt?
- Alle Gelenke auf Gängigkeit nachsehen
- Steht die Schaltwerkschwinge senkrecht?

Umwerfer
- Gelenke gut beweglich?
- Begrenzung nach innen und außen richtig eingestellt?
- Höhe und Flucht korrekt?

Zusammenbau
- Laufräder einsetzen, Reifen aufpumpen
- Reifensitz o.k.? Reifendruck o.k.?
- Bremsklötze nach Höhe, Seite und Winkel justieren
- Kann die Felge frei zwischen den Bremsklötzen laufen?
- Kette auflegen und schließen
- Läuft sie weich, ohne zu haken?
- Zähne an den Kettenblättern in Ordnung? Wird jeder Gang einwandfrei geschaltet?
- Funktioniert die Beleuchtung?

Schrauben/Muttern
- Sämtliche Schraubverbindungen gemäß „Schrauben-Index“ abchecken

GRUNDÜBERHOLUNG

Ein vielbenutztes Fahrrad muß alle halbe Jahr auf Herz und Nieren überprüft werden. Im Herbst nutzt man die Grundüberholung, um das Velo auf die Härten des Wintereinsatzes vorzubereiten - und im Frühjahr, um die Spuren der harten Monate zu beseitigen. Sie fahren Ihr Bike nur gelegentlich mal spazieren? Dann überholen Sie es einmal im Jahr. Das ist das Minimum.

Wieviel Zeit muß man dafür ansetzen? Ein Tag wäre ziemlich knapp, ein Wochenende ist realistischer. Fängt man am Freitag mit der Demontage an, kann man sonnabends noch Ersatzteile einkaufen. Und bevor Sie am Sonntag das Werkzeug wieder einräumen, starten Sie zu einer Testfahrt. Bingo! Das wär's.

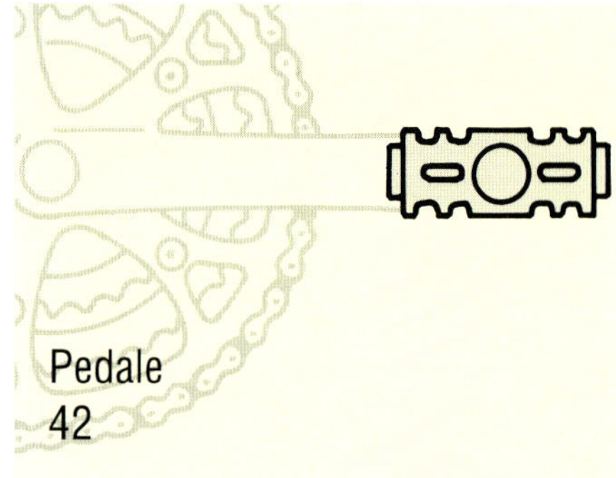

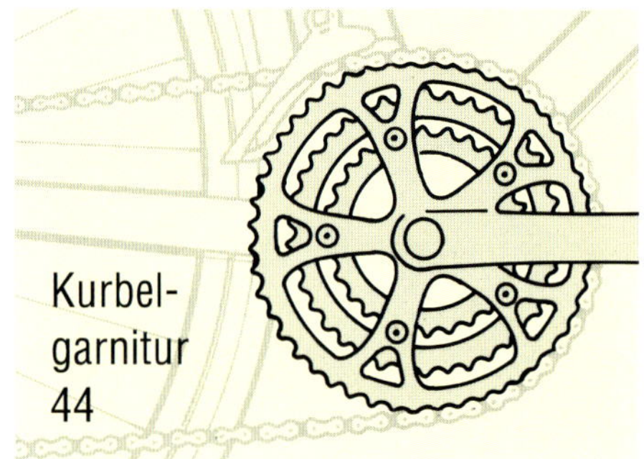

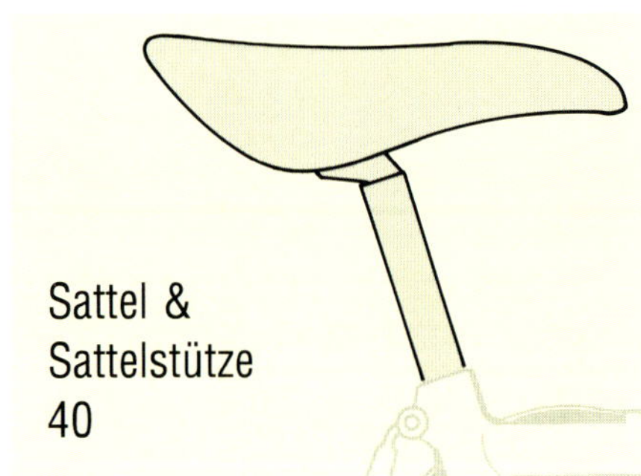

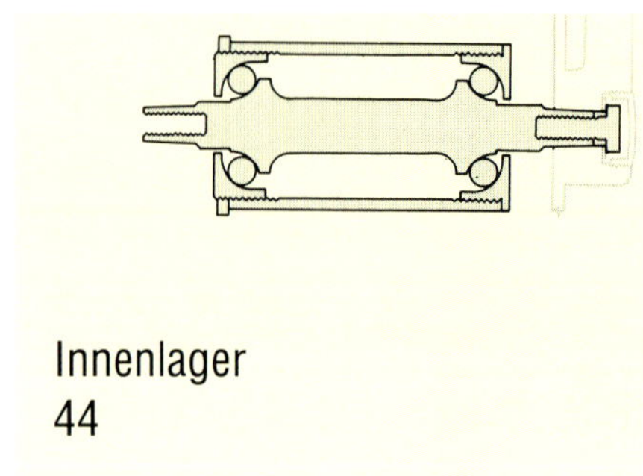

Freitag
- Fahrrad reinigen und zerlegen
- Einzelteile und Komponenten säubern und durchchecken

Sonnabend morgen
- Ersatzteile kaufen

Sonnabend nachmittag
- Wartung und Reparaturen

Sonntag morgen
- Zusammenbau, Justierungen

Sonntag nachmittag
- Testfahrt, letzte Korrekturen
- Werkzeug wegpacken

Teile, die routinemäßig ausgetauscht werden sollen, hat man auf Lager oder kauft sie vorher ein. Notieren Sie Anzahl, Abmessungen und Fabrikat der benötigten Ersatzteile:
- Kugeln für alle Kugellager
- Kette
- Kabel für Brems- und Schaltzüge
- Bremsklötze
- Schalträdchen und eventuell
- Reifen, Schläuche
- Lenkergriffe oder Lenkerband

Die folgende Checkliste enthält alle Einzelschritte für die Grundüberholung. Haken Sie Punkt für Punkt ab.

Rahmen und Gabel
- Auf Risse und Verbiegungen untersuchen
- Falls nötig, Lack auftupfen oder -sprühen
- Steuer- und Sitzrohr von innen säubern

Steuersatz
- Neue Kugeln einlegen; fetten
- Lagerspiel einstellen

Lenker und Vorbau
- Auf Beschädigungen untersuchen

Sattel und Sattelstütze
- Sitzfläche überprüfen
- Sattelstütze säubern. Ist die Mindesteinstecktiefe gewährleistet?

Pedale
- Achse frei von Verbiegungen?
- Lager zerlegen, reinigen und neu fetten
- Lagerspiel einstellen

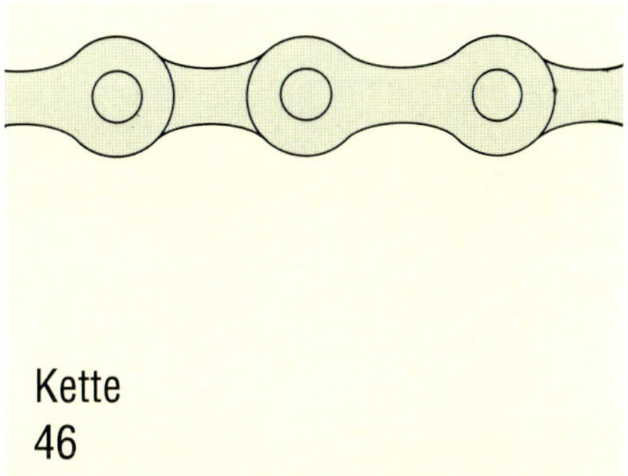

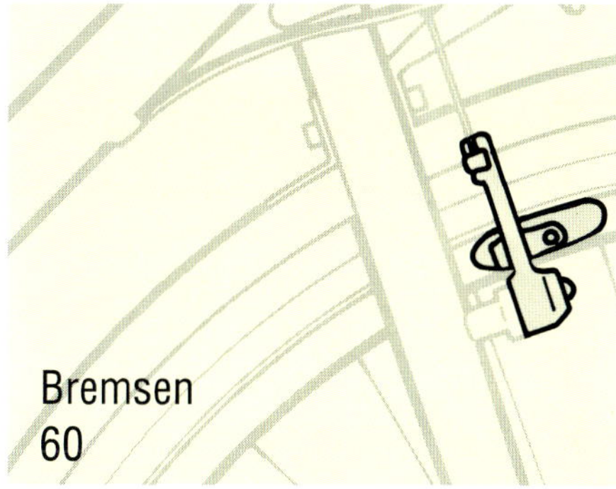

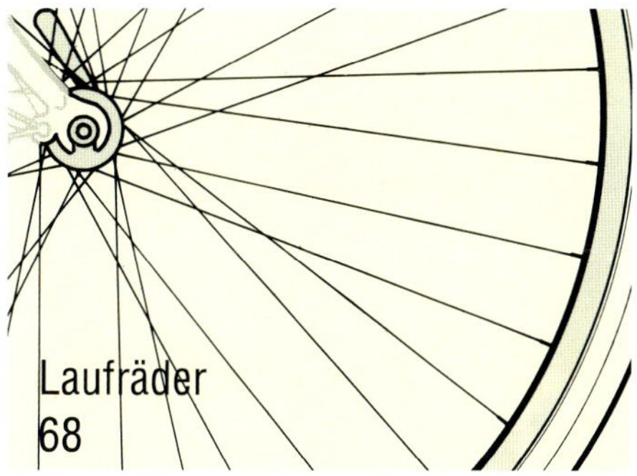

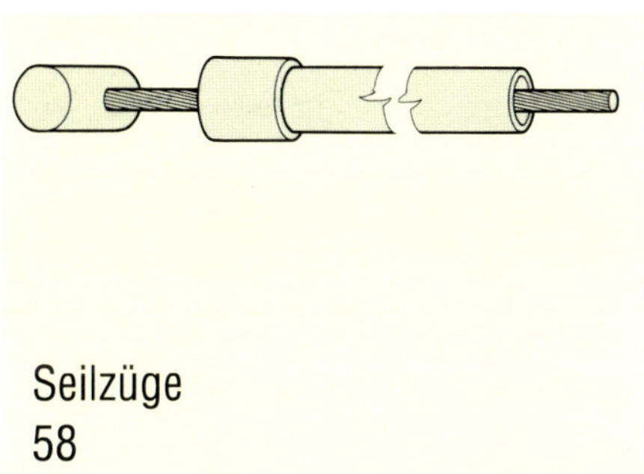

Kurbelgarnitur
- Laufen die Kurbeln ohne Schlag? Zähne gerade? Sind die Zähne abgnutzt, die Kurbeln verbogen?

Innenlager
- Lager zerlegen, reinigen und neu fetten
- Lagerspiel neu einstellen
- (Patronenlager wieder einsetzen)

Kette
- Kette verschlissen (gelängt)? Neue Kette unbedingt erforderlich! Falls sie nicht sauber auf den Ritzeln oder Kettenblättern läuft, müssen die entsprechenden Teile ebenfalls ersetzt werden.
- Rotationsmethode: neue Kette bereitlegen

Schaltwerk
- Schalträdchen abgenutzt?
- Gelenkbolzen nicht ausgeleiert?

Umwerfer
- Gelenkbolzen o.k. (kein zu großes Spiel)?

Bowdenzüge
- Kabelenden glatt?
- Keine Auffaserung?
- Kabelhüllen unversehrt?

Bremsen
- Abgenutzte Bremsklötze ersetzen
- Gelenke (Bolzen) einfetten

Schraubzahnkranz
- Leichtlauf und Spiel überprüfen
- Zähne nicht zu stark abgenutzt?

Kassettenkranz
- Leichtlauf und Sitz überprüfen
- Zähne nicht zu stark abgenutzt?

Laufräder
- Reifen und Schläuche abnehmen
- Zahnkranz/Freilauf entfernen
- Gebrochene Speichen ersetzen
- Speichenspannung prüfen
- Felgen unbeschädigt?
- Läuft das Rad rund, ohne Höhen- oder Seitenschlag?
- Kugellager zerlegen, säubern, fetten und neu einstellen

Bereifung
- Fremdkörper in der Decke? Verschleiß? Risse oder Löcher?
- Schläuche glatt, ohne Scheuerspuren?
- Vorderreifen auf Hinterrad aufziehen und umgekehrt
- Müssen eventuell neue Reifen/Schläuche her?

Checks zur Montage
- Funktion des Schaltwerks überprüfen
- Funktion des Umwerfers überprüfen
- Bremsklötze nach Höhe, Seite und Winkel justieren
- Kette einfädeln und vernieten
- Alle Kettenglieder frei beweglich?
- Zähne an Kettenblättern und Ritzeln in Flucht?
- Indexfunktion am Schaltwerk justieren
- Schaltfunktion bei Nabenschaltung justieren
- Alle Gänge durchschalten
- Beleuchtung testen

Schrauben/Muttern
- Sämtliche Schraubverbindungen gemäß „Schrauben-Index“ abchecken

Safety first

Was Sie auch tun - die Sicherheit darf nicht zu kurz kommen. Über die Notwendigkeit von Schutzbrille und Schutzhandschuhen beim Kaltreiniger wurde schon gesprochen.

Ein Erste-Hilfe-Kasten in der Werkstatt sollte eine Selbstverständlichkeit sein. Auch kleine Verletzungen müssen versorgt werden: gleich desinfizieren, Pflaster drauf!

Arbeitsgewohnheiten

Ein guter Mechaniker muß pedantisch sein. Nach getaner Arbeit an einer Komponente legen Sie deshalb bitte das Werkzeug ordentlich beiseite. Bevor das nächste Teil an die Reihe kommt, sollten Werkzeuge und Ersatzteile sauber ausgelegt werden.

Bei einer Demontage lege ich alle Einzelteile der Reihenfolge nach auf ein Tablett. So bleibt man immer im Bilde.

Wenn Sie eine zu lange Schraube ablängen wollen, drehen Sie vorher eine Mutter auf. Nach dem Absägen wird die Mutter abgeschraubt und nimmt dabei den entstandenen Sägegrat weg und glättet das Gewindeende.

Machen Sie es sich zur Gewohnheit, alle Gewinde vor dem Zusammenbau leicht(!) einzufetten. So bleiben sie gängig. Und noch ein Trick: Ersetzen Sie mit der Zeit alle Muttern durch solche aus rostfreiem Stahl. Noch raffinierter sind selbstsichernde Muttern mit einer Nyloneinlage. Damit haben Sie zwei Fliegen mit einer Klappe geschlagen: die Muttern rosten nicht mehr fest, und sie können sich nicht mehr von selbst lösen.

▲ Wenn Sie die demontierten Teile so sauber auslegen, können Sie selbst nach einer Unterbrechung ohne Schwierigkeiten weitermachen

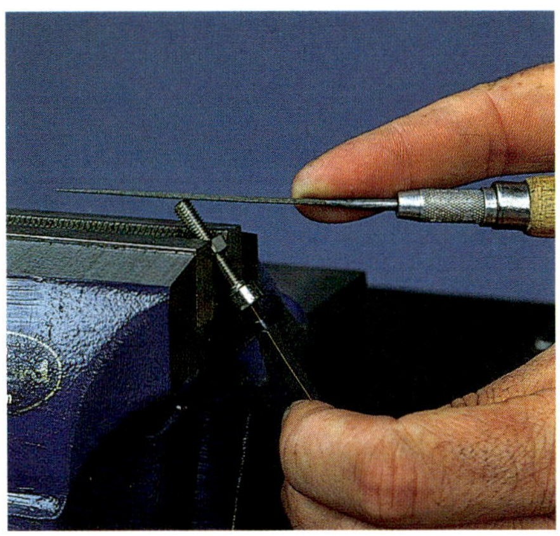

◄ Der Trick, ein abgesägtes Gewinde anzufasen (schrägzufeilen): Mutter aufdrehen und im Schraubstock einspannen. Mit der Linken drehen, mit der Rechten feilen

▼ Links: fabrikneues Gewinde; Mitte: abgesägtes Ende; Rechts: angefastes Gewinde

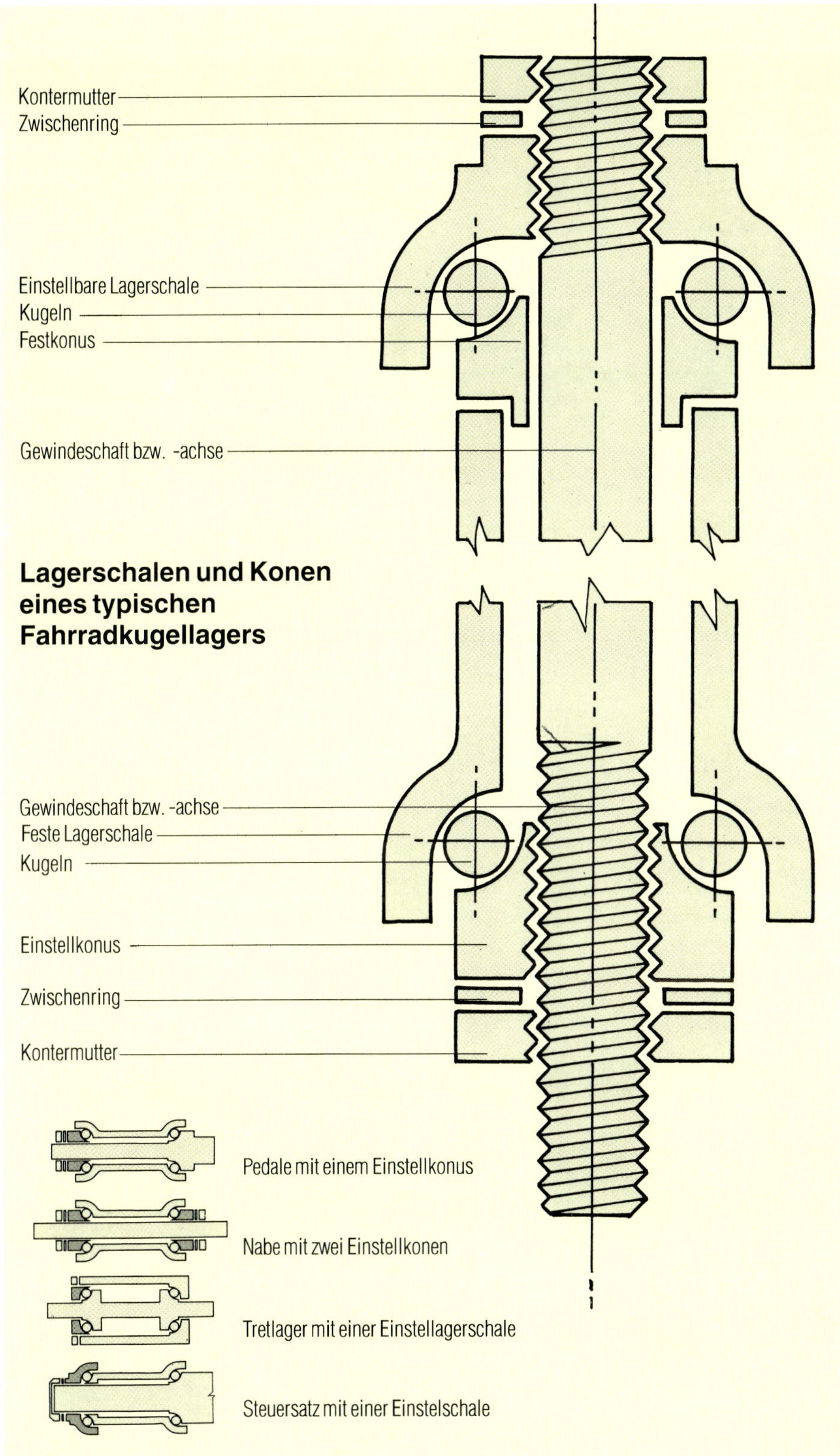

Lagerschalen und Konen eines typischen Fahrradkugellagers

Achten Sie bei Werkstattarbeiten auf saubere Hände. Besonders beim Zusammenbau von Teilen hinterlassen schmierige Finger häßliche Spuren auf Sattel und Lenkergriffen. Von allen Handreinigern, die ich bisher ausprobiert habe - und einige wirkten aggressiver als Scheuersand - hat sich simples Speiseöl am besten bewährt. Baden Sie die Hände darin, und wischen Sie sie anschließend mit einem Tuch ab, bis sie sich sauber und trocken anfühlen. So läßt es sich wunderbar arbeiten. Zum Schluß wiederholen Sie die kosmetische Prozedur und schließen mit einer Waschung mit ein bißchen Seife ab.

Kugellager

Im Prinzip werden alle Lager auf gleiche Weise eingestellt. Nach dieser Anleitung werden Sie jedes Konuslager sauber justieren können.

Die Kugeln rollen zwischen einer Art Wanne, der Lagerschale, und einem kegelförmigen Teil, dem Konus. Das gesamte Lager ist auf einem Gewinde montiert. Indem ein Teil (meistens der Konus, manchmal die Lagerschale) gegen das andere geschraubt wird, regulieren Sie das Spiel der Kugeln. Anschließend wird die Einstellung durch eine Kontermutter gesichert.

Beim Kontern werden Sie feststellen, daß der Konus noch ein bißchen mehr angedrückt und das Lager strammer als beabsichtigt eingestellt wird. Es muß deshalb vor dem Kontern eine Idee zu lose laufen. Ausnahme: Der Konterring beim Innenlager. Er wird gegen das Tretlagergehäuse geschraubt und gibt dem Lager beim Kontern wieder etwas mehr Luft!

Funktion

Der Rahmen und die per Steuersatz integrierte Gabel werden als Komplettrahmen bezeichnet. Er ist das Chassis Ihres Velos. Seine Form und Qualität entscheiden über den Fahrkomfort und die Leistungsfähigkeit des Bikes.

Routinekontrolle

Drei Checks werden bei dem fertig montierten Fahrrad vorgenommen: Überprüfen Sie, ob Rahmen und Räder fluchten (in einer Linie sind), ob die Rahmenrohre nicht verbogen sind und ob die Verbindungsstellen bzw. Muffen keine Risse aufweisen.

Fluchtet das Rad? Während ein Helfer das Velo geradehält, knien Sie nieder und peilen vom Hinterrad zum Vorderrad. O.k.? Falls nicht, tritt die zweite Methode in Kraft. Dazu benötigen Sie eine etwa vier Meter lange Schnur. Was man damit macht, zeigen die Abbildungen.

Stimmen Vorder- und Hinterradlinie nicht überein, besteht der Verdacht auf Rahmenverbiegung. Prüfen Sie jedoch zuerst, ob ein Laufrad schief in den Ausfallenden sitzt. Ein verbogenes Rahmenrohr wird Ihnen kaum entgehen, wenn Sie sorgfältig daran entlangpeilen. Falten oder Risse im Lack sind weitere Indizien.

Hat das Velo einen heftigen Frontalstoß abbekommen, können Gabel und Rahmen beschädigt sein. Die Flucht muß davon jedoch nicht beeinträchtigt werden! Werfen Sie deshalb sofort nach dem Crash einen Blick von der Seite auf die Gabel. Sie darf unterhalb des Gabelschafts nicht in Richtung Rahmen gebogen sein. Fahren Sie mit dem Zeigefinger unter dem Ober- und Unterrohr entlang, dort, wo sie am Steuerkopfrohr ansetzen. Gekräuselter oder abblätternder Lack sind Alarmzeichen für Verbiegungen.

Bei einem Sturz gerät das hintere rechte Ausfallende oft aus dem Lot. Es muß parallel zum Laufrad stehen. Der Rollgabelschlüssel hilft Ihnen, es vorsichtig wieder zu richten - aber lassen Sie anschließend einen Mechaniker ans Werk! Er hat Spezialwerkzeug zum Prüfen und Einstellen der Flucht.

Suchen Sie den ganzen Rahmen nach Rissen ab, speziell an den Verbindungsstellen. Um auch die unauffälligsten Haarrisse aufzuspüren, brauchen Sie nur etwas Kreidestaub oder Talkum aufzureiben. Das Puder bleibt in Vertiefungen haften und verrät jede kritische Stelle.

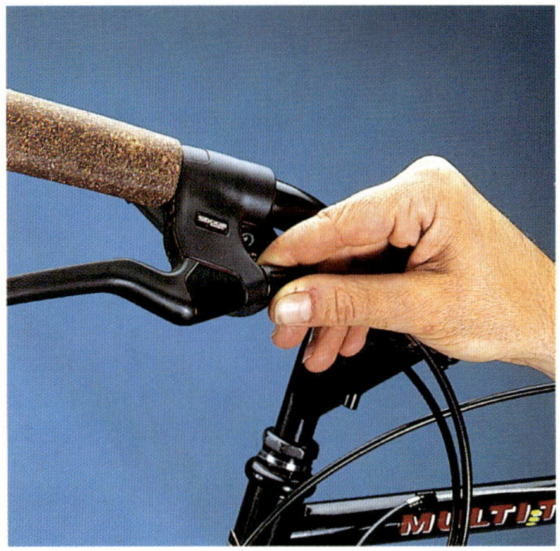

1 *Das Velo steht im Montageständer; drehen Sie die Justiermutter des Bremskabels heraus, bis das Hinterrad blockiert*

2 *Wickeln Sie die Mitte der Schnur hinten ums Hinterrad*

Prüfen Sie mit dem Zeigefinger die Unterseiten von Ober- und Unterrohr dicht an der Nahtstelle zum Steuerkopfrohr - Falten und abblätternde Farbe sind ein Indiz für Rahmenschäden

Mikroskopisch feine Haarrisse werden durch Kreidestaub sichtbar, nehmem Sie weiße Kreide für farbige und dunkle Kreide für weiße Rahmen

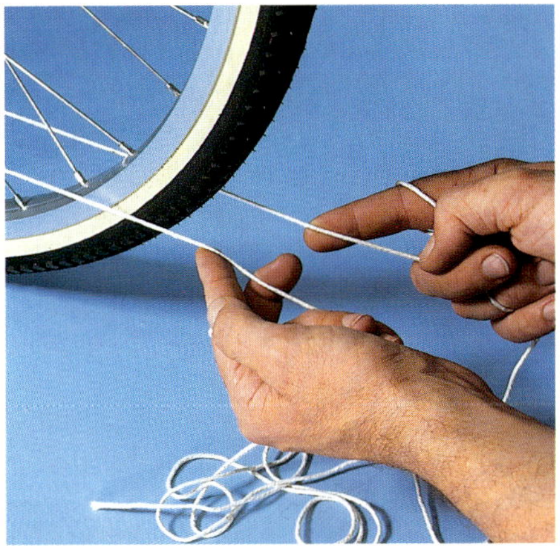

3 *Stellen Sie das Vorderrad gerade, und legen Sie beide Schnurenden an*

4 *Wenn die Schnur beide Reifen an jeder Seite zweimal berührt, stehen die Laufräder in Flucht*

Hat sich ein Riß gezeigt, lassen Sie einen Experten klären, ob es sich um einen Rahmenschaden oder nur um einen Kratzer handelt. Besser einmal zu oft gefragt als zu wenig - ein Rahmenbruch unterwegs führt meistens geradewegs in die Intensivstation ...

Entsprechend geht man auch bei den Cantileversockeln vor. Zuerst werden die Bremskörper demontiert, dann die Sockel begutachtet. Selten, daß hier Beschädigungen auftreten - aber wie alle Anlötteile haben auch die Canti-Sockel einen regelmäßigen Check verdient.

Ein verbogenes Ausfallende muß mit Fingerspitzengefühl gerichtet werden; überlassen Sie die Feinarbeit einem Profi

Wartung

Der Rahmen muß nicht gewartet werden, sieht man einmal vom Waschen oder Putzen ab.

Bei Lackschäden wird die nähere Umgebung mit Schleifpapier aufgerauht, damit die Farbe besser haftet. Blankes Metall wird zunächst mit einem Primer (Rostschutzfarbe) behandelt. Fahren Sie vorsichtig mit einem feinen Naßschmirgelleinen über den trockenen Anstrich, um Unregelmäßigkeiten fortzunehmen. Nun können zwei bis drei Lackschichten aufgetragen werden. Aber keinen Nagellack; er greift den an Fahrrädern üblichen Emaillelack chemisch an.

Grundüberholung

Bei Rahmenschäden heißt es: Hände weg! Das ist Profisache. Und wenn das Bike zum Löten oder Richten in die Werkstatt kommt, überlegen Sie gleich, was noch anfällt. Vielleicht sind neue Gewindebuchsen für den Trinkflaschenhalter fällig? Oder eine Lackierung im langersehnten Lieblingsdesign?

Ist der Rahmen in Ordnung, brauchen Sie sich nur noch um die Reinigung des Steuerkopf- und Sitzrohrs zu kümmern.

So werden Sitz- und Steuerkopfrohr von innen gesäubert: Spannen Sie den Rahmen kopfunter ein, damit kein Schmutz ins Innenlager fallen kann. Schützen Sie den Lack mit einer Manschette aus Pappe oder einem Tuch. Nun kann es losgehen, am bequemsten mit Bohrmaschine plus flexibler Welle und einem kleinen Drahtbürstenaufsatz. Manuell geht es auch: tauchen Sie einen sehr langen, zehn Zentimeter breiten Stoffstreifen in Rostlöser, und stopfen Sie ihn ins Rohr. In das Ende des Tuchs knoten Sie einen provisorischen Handgriff. Mit diesem Knebel drehen Sie die „Putzwurst" langsam wieder aus dem Rohr hinaus.

STEUERSATZ

Funktion

Der Steuersatz sorgt dafür, daß sich der Gabelschaft innerhalb des Steuerkopfrohrs drehen kann. Er besteht aus zwei Kugellagern.

Routinekontrolle

Zwei Grundprobleme gibt es beim Steuersatz. Einmal leidet er unter notorischer Lockerheit. Das stellen Sie fest, wenn Sie bei fest angezogener Vorderbremse den Lenker vor- und zurückrucken. Ein klackerndes Geräusch und eine gewisse Beweglichkeit sind die Warnsignale. Man kann es auch fühlen, legt man einen Finger auf den Spalt zwischen Lagerschale und Konus.

Das zweite Problem ist eine Folge des ersten und tritt auf, wenn Sie zu lange mit losem Steuersatz gefahren sind. Dann schlagen die Kugeln lauter kleine „Schlaglöcher" in die Laufbahnen des Lagers. So merkt man's: Lager korrekt einstellen, Lenker langsam drehen. Bei ausgeschlagenem Lager erfolgt die Drehung spürbar ruckweise. Den neuen Steuersatz würde ich in der Werkstatt montieren lassen.

Wartung

Beim Steuersatz sitzt der untere Konus auf der Gabelkrone, die untere Schale und der obere Konus befinden sich im Steuerkopfrohr. So erfolgt die ganze Einstellung allein durch die obere (Schraub-)Schale (s. Abb.).

Grundüberholung

Viele Einheiten sind heute mit Kunststoffdichtungen ausgerüstet. Merken Sie sich genau, wo und wieherum sie gesessen haben, bevor Sie sie in den Reiniger geben.

Spezialwerkzeug
Steuersatzschlüssel

Steuersatz/ Schnittzeichnung

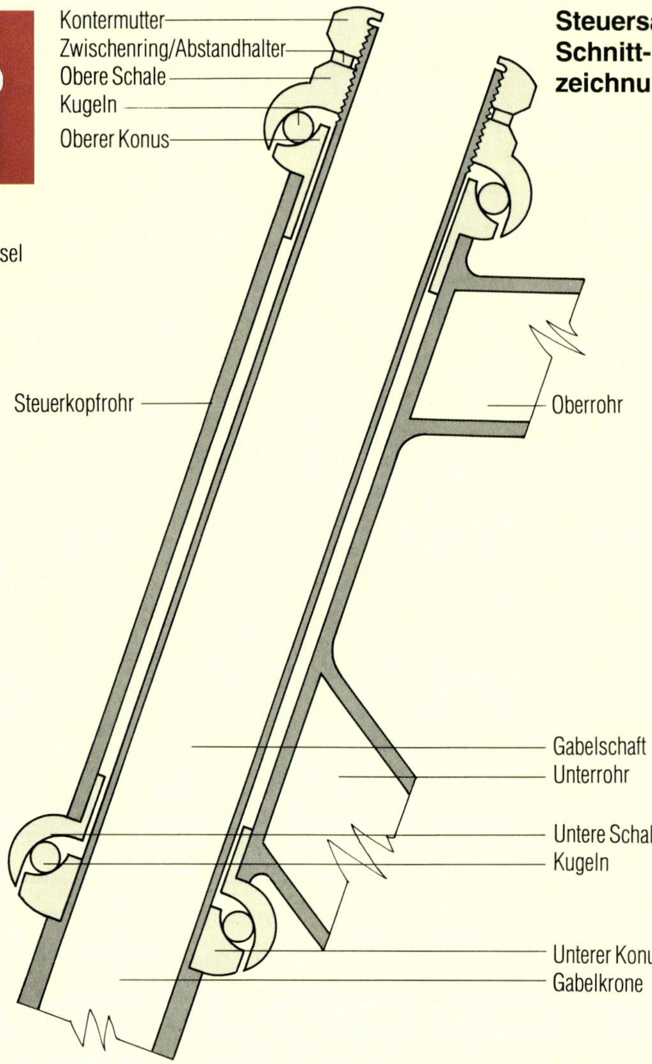

Die Kontermutter, der Zwischenring und eventuell vorhandene Zwischenstücke oder Bremskabel-Gegenhalter werden abgenommen. Spannen Sie den Rahmen verkehrt herum ein. Die obere Schraubschale kann jetzt von Hand abgedreht werden. Die (nach

➢ *Drei Teile können nur mit Spezialwerkzeug demontiert werden: der untere Konus (Gabelkrone), der obere Konus und die untere Schale (Steuerkopfrohr). Sie werden an Ort und Stelle gereinigt.*

oben zeigende) Gabel mit dem unteren Lager kann nicht herausfallen. Die Kugeln des oberen Lagers bleiben in der losgedrehten Schraubschale liegen. Sind sie in einem Kugelring (Kugelkäfig), erleichtert das die Demontage. Sie ziehen die Gabel heraus und nehmen den Kugelring ab.

Liegen die Kugeln lose, müssen die noch verborgenen Kugeln des unteren Lagers gleich vorsichtig aufgefangen werden. Dazu halten Sie die Gabel fest und drehen den Rahmen wieder in Normallage. Halten Sie einen Behälter unter die Gabel, und nehmen Sie sie heraus. Brav fallen die Kugeln in die Box und werden darin auch gleich gereinigt.

Kugelringe müssen nur soweit geputzt werden, daß man eventuelle Beschädigungen erkennen kann. Ersatzkugeln werden einfach hineingedrückt.

Wie Sie bemerkt haben, sind der obere Konus und die untere Schale fest ins Steuerkopfrohr eingeschlagen. Der untere Konus sitzt stramm auf der Gabelkrone. Lassen Sie die Teile, wo sie sind. Putzen kann man sie auch so. Wenn sie ausgeschlagen sind, ist ein neuer Steuersatz fällig - das Auswechseln macht am besten der Fachmann.

Zum Zusammenbau spannt man den Rahmen wieder verkehrt herum ein. Fetten Sie die untere Schale (sie liegt jetzt oben), und legen Sie die Kugeln ein. Wieviele waren es doch noch?! Ganz einfach: Legen Sie so viele hinein wie möglich, und nehmen Sie dann eine wieder heraus. Kugelringe werden richtig herum eingelegt und mit Fett bedeckt. Falls vorhanden, ist jetzt die Kunststoffdichtung an der Reihe. Endlich kann der Gabelschaft eingesetzt werden - aber vorsichtig, bitte! Jetzt kommt das obere Lager an die Reihe. Die übliche Prozedur kennen Sie: Schale fetten, Kugeln einlegen. Auch das Gewinde des Gabelschafts kriegt sein Fett ab. Wenn jetzt die Schraubschale fest angedreht ist, kann nichts mehr herausfallen.

Drehen Sie den Rahmen nun wieder herum. Der Zwischenring kann aufgelegt werden (falls mit Nase, muß diese exakt in der entsprechenden Rille des Gabelschafts liegen). Anschließend kommen eventuelle weitere Zwischenringe oder Abstandhalter. Auch der Gegenhalter für die Cantileverbremse (Kabelstop) muß nun aufgesteckt werden. Zum Schluß dreht man die Kontermutter auf. Nach dieser recht umständlichen Grundüberholung bleibt nur noch eines zu tun: die Justierung des Steuersatzes. Wie's gemacht wird, entnehmen Sie bitte der Fotoserie links.

1 *Kontermutter nur so weit lösen, daß die Schraubschale gedreht werden kann*

2 *Schraubschale festschrauben, bis nichts mehr wackelt*

3 *Kontermutter gegen Schraubschale drehen und in Position halten*

4 *Schraubschale nach oben gegen die Kontermutter schrauben und festziehen*

LENKER & VORBAU

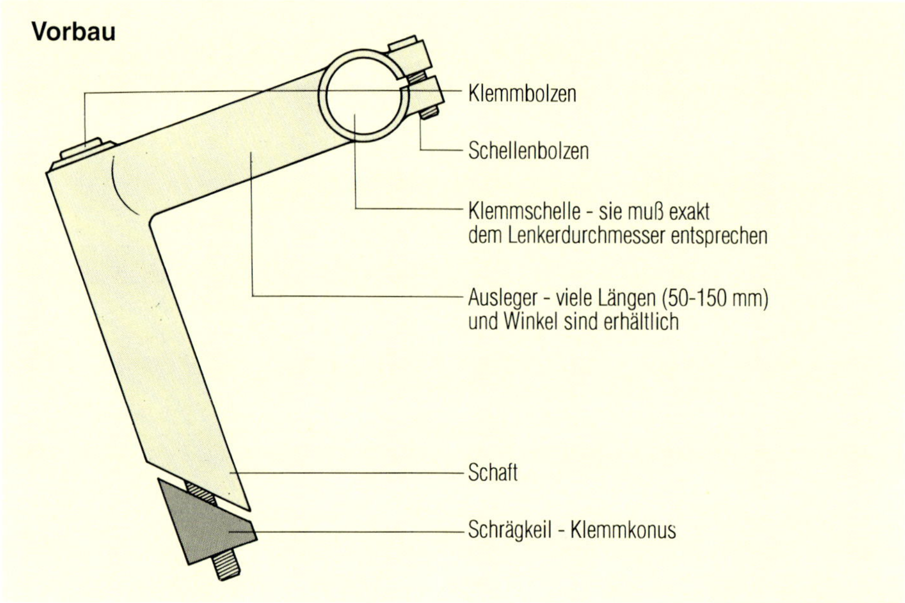

Funktion

Der Lenkerbügel macht es Ihnen möglich, gleichzeitig das Fahrrad zu steuern und die Brems- und Schalthebel zu bedienen. Ein guter Lenker ist funktional, bequem und sicher zugleich.

Routinekontrolle

Ist der Lenker bequem zu greifen? Sind die Brems- und Schalthebel in Griffweite und gut zu handhaben? Um das ergonomische Optimum zu erzielen, lassen sich sowohl der Lenker als auch die Bedienungselemente beliebig verdrehen. Zu Ihrer Bequemlichkeit kann auch der Vorbau höher oder tiefer eingestellt werden. Denken Sie bitte daran, ihn nicht über die Sicherheitsmarkierung hinaus hochzuziehen. Bei vielen Vorbauten ist der Kabelstop (Gegenhalter für den Bremszug) integriert. Hier kann der Vorbau erst hochgestellt werden, wenn das Bremskabel gelöst ist. Anschließend müssen Sie die Bremse neu einstellen.
Ist die Vorbauhöhe richtig? Markieren Sie sie mit Klebeband, bevor Sie den Vorbau entfernen. Und wenn die Höheneinstellung stimmt, checken Sie die Flucht: der Vorbau muß in gerader Linie mit dem Oberrohr verlaufen. Diese Arbeiten folgen derselben Anleitung wie zur Demontage der Vorbau/Lenker-Einheit.

Ein Lenker bricht nicht unbedingt durch Gewalteinwirkung, auch scharfkantige Vorbauschellen schaffen unbeabsichtigte „Sollbruchstellen".

Lockere Handgriffe sind lästig. Hier ein Patentrezept: Lenkerenden und Innenflächen der Griffe mit Feuerzeugbenzin reinigen. In feuchtem Zustand wieder montieren und mehrere Stunden ablüften lassen. Sollten die Griffe nach wie vor rutschen, nehmen Sie

1 *Markieren Sie die Höheneinstellung des Vorbaus mit Klebeband, nehmen Sie, falls nötig, das Bremskabel ab*

2 *Der Klemmbolzen wird mit ein bis zwei Drehungen eines 6-mm-Inbusschlüssels gelöst*

3 *Ein scharfer Hammerschlag (Holzstück unterlegen!) auf den Bolzen löst den Klemmkonus*

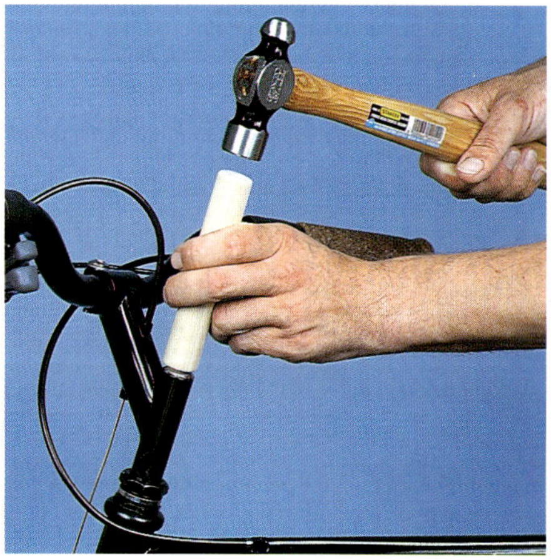

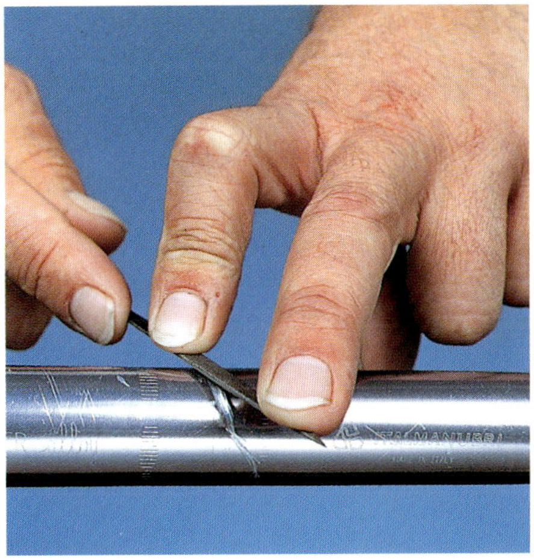

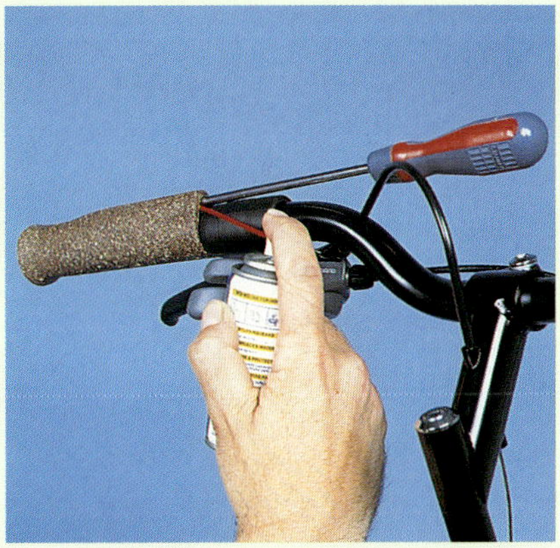

Lenkergriffe weigern sich häufig, den Lenker zu verlassen. Schieben Sie behutsam einen flachen Schraubenzieher hinein. Der entstandene Spalt reicht aus, um ein dünnflüssiges Schmiermittel zu injizieren. Meist bringt das den gewünschten Erfolg; sonst wiederholen Sie den Vorgang. Anschließend müssen alle Fettspuren vom Lenker und von den Innenseiten der Handgriffe beseitigt werden.

⮝ Eine tiefe Kerbe sollte vorsichtig flachgefeilt werden, sonst wächst sie sich zu einem gefährlichen Riß aus.

Zuflucht zu einem geeigneten Kleber. Beim nächsten Mal müssen die festgeklebten Griffe natürlich aufgeschnitten und durch neue ausgetauscht werden.

Demontage

Um den Vorbau einzustellen und die gesamte Einheit auszubauen, sind dieselben Handgriffe erforderlich. Werfen Sie einen Blick auf die Fotoserie!

Grundüberholung

Die gesamte Einheit wird in den Schraubstock eingespannt, wobei der Lenker horizontal steht. Ziehen Sie die Griffe ab, beziehungsweise entfernen Sie das Lenkerband.

Jetzt lassen sich die Klemmschellen der Brems- und Schalthebel lösen und diese Teile abnehmen. Bitte vermeiden Sie es, dabei den Lenker durch Kratzer zu tätowieren.

Ein Riß im Lenker oder Vorbau sollte Alarm auslösen: sofort auswechseln! Tiefgehende Kratzer oder Kerben kann man mit einer kleinen Feile sanft und gleichmäßig entschärfen. Aber vergessen Sie nicht, diese Schwachstellen bei den nächsten Routinekontrollen besonders aufmerksam zu inspizieren.

Untersuchen Sie die Innenseiten aller Klemmschellen auf Grate und Schrammen. Mit Schlüsselfeile und Schmirgelpapier werden die Oberflächen seidenweich geglättet und Kanten entschärft.

4 *Der Schrägkeil sollte jetzt die Vorbauklemmung im Gabelschaft freigeben*

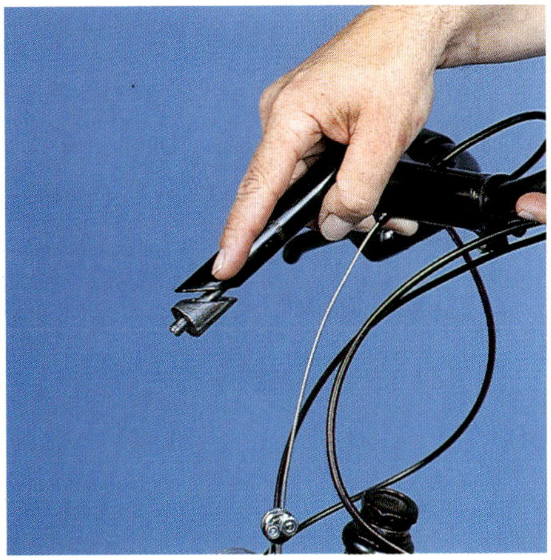

5 *Läßt der Vorbau sich nicht bewegen, sprühen Sie Rostlöser auf und lassen ihn eine Zeitlang einwirken*

6 *Durch Hin- und Herdrehen kommt der Vorbau frei. Das Vorderrad hält man dabei am besten mit den Knien fest*

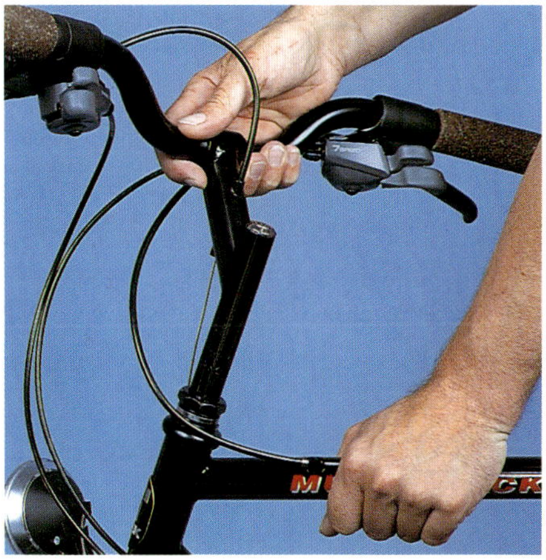

SATTEL & SATTELSTÜTZE

Funktion

Zweifellos hat der Sattel die Aufgabe, eine bequeme Unterlage für Ihren Allerwertesten zu liefern. Die Sattelstütze macht unterschiedliche Horizontal-, Höhen- und Neigungspositionen des Sattels möglich.

Routinekontrolle

Der Sitz muß stabil sein, er darf beim Radeln weder kippeln noch sich verdrehen. Die Sitzfläche muß glatt und, beim Kernledersattel, straff gespannt sein.

Praktischerweise überprüft man den Sattel beim Fahren. Machen Sie sich klar, daß der Komfort genausoviel mit der Position zu tun hat wie mit dem Sattel selbst. Fangen wir an:

Messen Sie die Schrittlänge (Innenbeinlänge) barfuß stehend, und multiplizieren Sie sie mit 1,09. Das Ergebnis entspricht dem korrekten Abstand zwischen Sattel und Pedal.

Stellen Sie die Kurbeln parallel zum Sitzrohr, und lösen Sie die Sattelklemmung. Stellen Sie die Satteloberkante entsprechend der Höhe des oberen Pedals ein. In dieser Lage wird der Sattelklemmbolzen (oder der Schnellspanner) festgezogen. Lockern Sie anschließend die Einstellschraube, bringen Sie den Sattel in die Horizontale und fixieren ihn wieder.

Setzen Sie sich auf das (abgestützte oder von einem Helfer gehaltene) Rad. Die Kurbeln stehen waagerecht, die Füße auf den Pedalen. Halten Sie eine mit einem Gewicht beschwerte Schnur an das vordere Knie. Steht das Lot senkrecht über der Pedalachse? Dann können Sie wieder absteigen und die Einstellschraube ein zweites

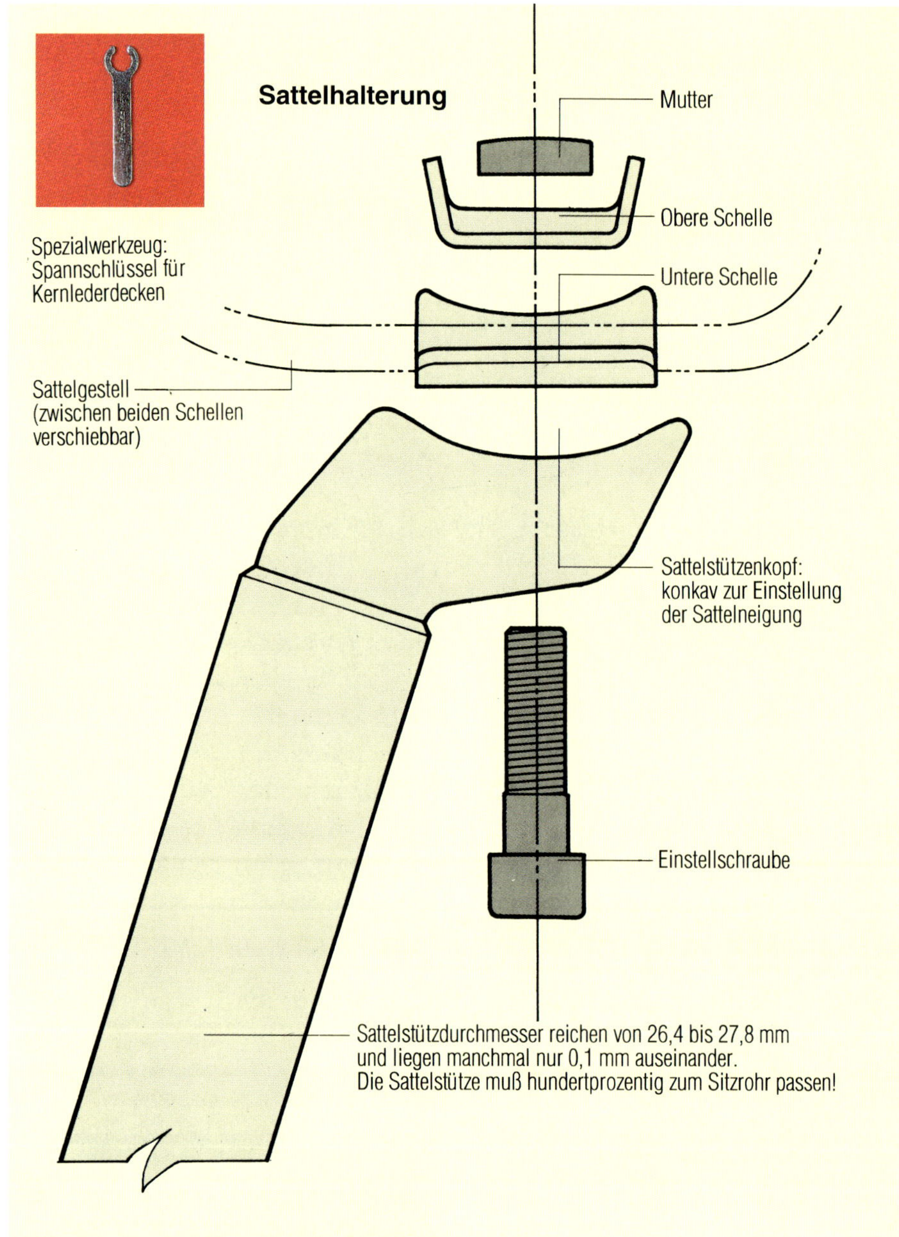

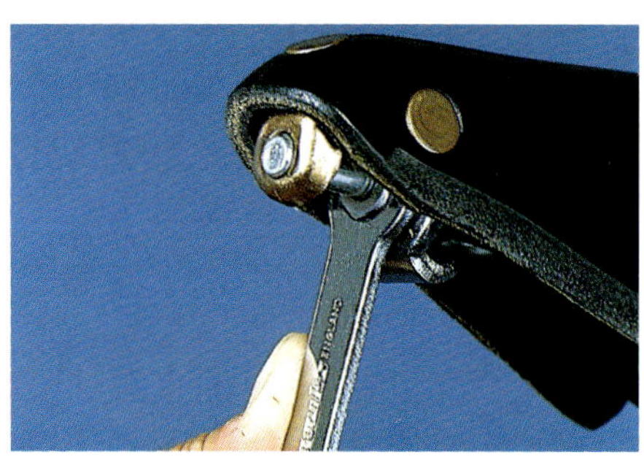

◄ Kernledersättel wollen von Zeit zu Zeit nachgespannt werden. Dazu gibt es einen Spezialschlüssel.

➤ So bekommen Sie die Einstellschraube fest: Ein Rohr über dem Inbusschlüssel bringt mehr Hebelkraft. Aber schrauben Sie mit Gefühl, damit der Bolzen nicht abschert!

1 Sattelklemmbolzen oder Schnellspanner lösen

2 Drehend wird der Sattel mit der Sattelstütze herausgezogen

3 Einstellschraube an der Sattelstütze ganz losschrauben

4 Obere Schelle verdrehen - jetzt kann der Sattel abgenommen werden

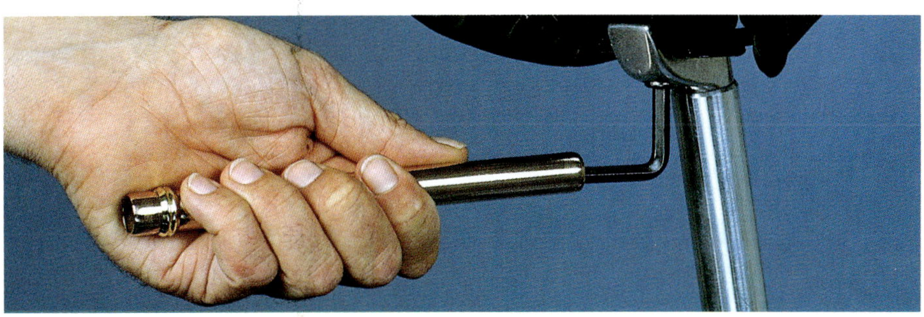

Mal lösen, diesmal aber nur ganz leicht. So kann der Sattel nach vorn oder hinten gerichtet werden, ohne daß sich die Neigung verstellt. Also: Einstellen, Testen, Korrigieren.

Muß der Sattel weiter nach oben, behalten Sie die Sicherheitsmarkierung im Auge. Sie darf nicht herausschauen. Falls doch, kaufen Sie eine längere Sattelstütze (der Durchmesser ist meistens in den Schaft eingraviert).

Wartung

Dreht sich der Sattel trotz geschlossenem Schnellspanner, versuchen Sie, diesen strammer einzustellen. Kein Erfolg? Dann wird die Sattelstütze einen zu kleinen Durchmesser haben; Sie brauchen eine neue. Wippt der Sitz beim Kurbeln, ziehen Sie die Einstellschraube nach.

Ein Riß in der Satteldecke ist nicht so schlimm, wenn es sich um einen Textilüberzug handelt: einfach nähen. Vinyldecken können provisorisch mit einem Vinylkleber geflickt werden. Nur bei Ledersätteln helfen keine chirurgischen Tricks.

Demontage

Richten Sie sich nach der Anleitung der nebenstehenden Bildreihe.

Grundüberholung

Bei einem gepflegten Radlerthron gibt es wenig zu tun: Sattel abnehmen, Stütze zerlegen und alle Teile reinigen. Ledersättel erhalten eine Politur mit dem vorgeschriebenen Pflegemittel und werden gegebenenfalls nachgespannt. Sind Sattelfedern vorhanden, geben Sie einen Tropfen Öl auf jeden Endpunkt. Fertig!

PEDALE

Funktion

Mittels der Pedale lassen Sie die Kurbeln rotieren. Sie müssen korrekt rechtwinklig zu den Kurbeln stehen, bequem sein, guten Halt bieten und sich leicht drehen.

Routinekontrolle

Sind die Pedallager lose? Das stellt man fest, indem eine Hand die Kurbel festhält und die andere an der Pedale rüttelt. Ein leichtes Klicken verrät das lose Pedal. Zu stramme Lager geben ein mahlendes Geräusch von sich, wenn das Pedal langsam gedreht wird.

Wartung

Billigmodelle zeigen sich selten wartungsfreundlich. Bei ernsten Mängeln sind sie in der Regel reif für den Mülleimer.

Anders ein hochwertiges Pedal. Schrauben Sie die Staubkappe ab (nötigenfalls hat Ihr Händler den passenden Spezialschlüssel). Manche Schutzkappen haben kein Gewinde und müssen mit einem flachen Schraubenzieher abgehebelt werden.

Im Pedalkörper wird nun die Kontermutter sichtbar, darunter der Zwischenring und der Einstellkonus mit einem Schlitz auf jeder Seite.

Hier erwartet Sie eine der komplizierteren Einstellungsarbeiten. Ich empfehle Ihnen, zunächst die Kontermut-

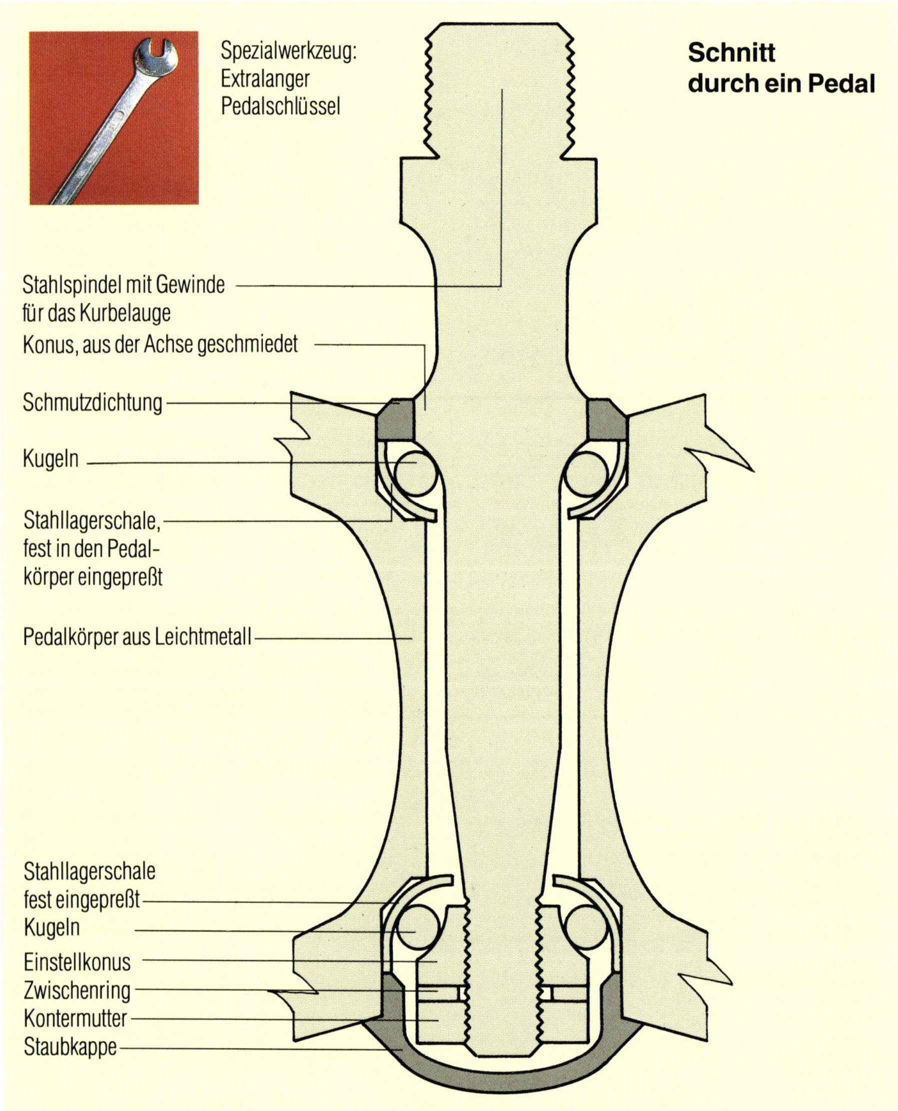

So fallen die Kugeln nicht heraus: Pedalachse am Gewinde festhalten

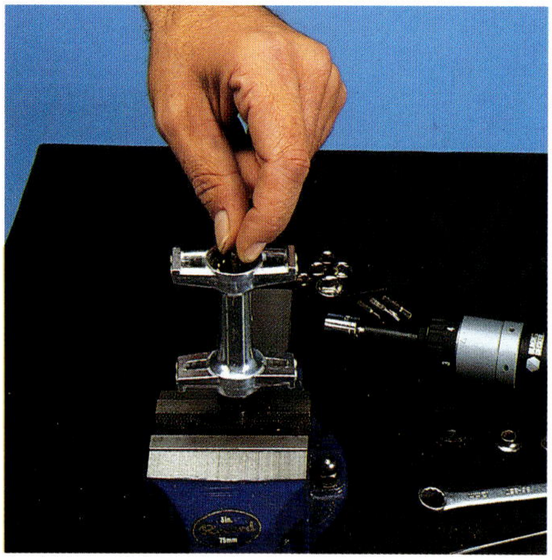

Wichtig: Das linke Pedal hat ein Linksgewinde. Losschrauben im Uhrzeigersinn! Das rechte verfügt über ein normales Rechtsgewinde.

1 *Die linke Kurbel zeigt 45 Grad nach oben; setzen Sie den längsten Schraubenschlüssel an, den Sie zur Verfügung haben*

2 *Rechte Kurbel festhalten, links den Schlüssel niederdrücken - notfalls mit Rohrverlängerung oder mit dem Fuß*

3 *Nun die Kurbel vorwärtsdrehen und den Schlüssel in Position halten - so kommt die Pedale von der Kurbel*

4 *Zum Festschrauben geht's umgekehrt: Schlüssel halten, rückwärts kurbeln*

ter ein paar Umdrehungen loszuschrauben. Jetzt tritt wieder der kleine Schraubenzieher in Aktion. Mit seiner Hilfe wird der Zwischenring angelüftet.

Stecken Sie den Schraubenzieher in einen der Konusschlitze. Drehen Sie ihn an, bis er gegen die Kugeln drückt, und gehen Sie etwa eine Achtelumdrehung wieder zurück. Nun kontern. Dreht das Pedal leicht, aber nicht zu locker? Dann kommt wieder die Staubkappe drauf.

Demontage

Die Bilder verdeutlichen, wie es geht.

Grundüberholung

Spannen Sie das Pedal mit den Flachseiten senkrecht in den Schraubstock. Entfernen Sie nacheinander Staubdeckel, Kontermutter und Zwischenring, dann mit einem kleinen Schraubenzieher den Konus. Diese Teile wandern zum Einweichen in einen Behälter mit Kaltreiniger.

Solange das Pedal im Schraubstock ist, können die Kugellager sich nicht davonmachen. Holen Sie sie einzeln mit einer Pinzette heraus, oder nehmen Sie das Pedal aus dem Schraubstock (Achtung, oben am Achsende festhalten!), und fangen Sie dann die Kugeln in einem Behälter auf.

Bei waagerecht gehaltenem Pedal wird nun die Spindel herausgezogen, und die restlichen Kugellagerteile werden aufgefangen. Was verschlissen ist, muß ersetzt werden - auf die gleiche Größe achten!

Am sauberen Pedal läßt sich gut sehen, ob die Lagerschalen noch glatt oder schon narbig und ausgeschlagen sind. Ist das der Fall, kommen Sie um neue Pedale nicht herum.

Zum Zusammenbau schmieren Sie die kurbelseitige Lagerschale (im Pedalkörper) voll Fett und betten die Kugeln hinein - wie gehabt, eine weniger als insgesamt hineinpassen. Führen Sie die Spindel behutsam in den Pedalkörper ein. Nun halten Sie sie am dünneren Ende fest, wobei der herunterhängende Pedalkörper die frisch eingelegten Kugeln im Lager hält. Spannen Sie die Spindel mit den Flachseiten in den Schraubstock. Damit haben Sie die Finger wieder frei. Die zweite Lagerschale mit Fett füllen, die Kugeln einlegen und den Konus aufschrauben. Anschließend kommt der Zwischenring und zum Schluß die Kontermutter. Wie das Lager eingestellt wird, wurde schon beschrieben.

KETTE

Funktion

Die Fahrradkette bietet die wirkungsvollste Kraftübertragung vom Kettenblatt zum Ritzel (und damit aufs Hinterrad). Kein Teil am Velo erfordert so viel Aufmerksamkeit wie die Kette!

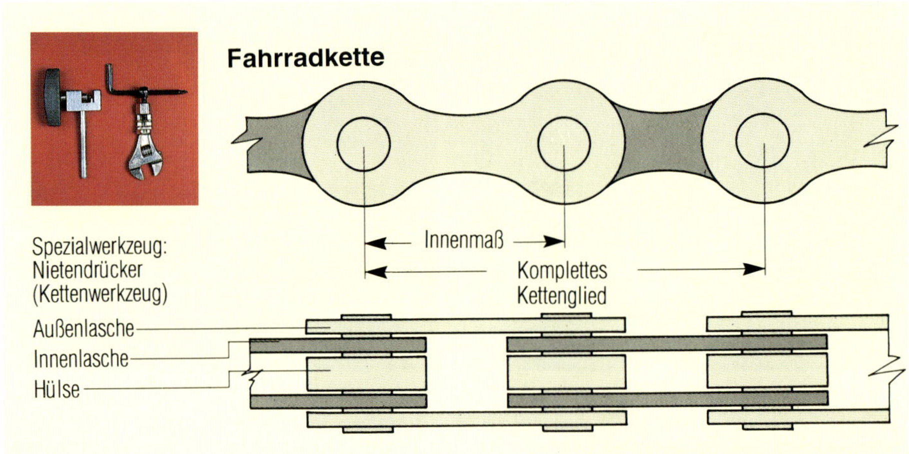

Routinekontrolle

Bei gutem Wetter muß lediglich sichergestellt sein, daß die Kette nicht trockenläuft: Kettenspray drauf, das ist alles. Halten Sie den Sprühstrahl vor das obere Schalträdchen (hinten, am Schaltwerk), und drehen Sie die Pedale rückwärts. So wird das innen auftreffende Fett/Wachs durch die Zentrifugalkraft nach außen befördert und die Kette gleichmäßig geschmiert. Kein Fett auf die Felgen kommen lassen!

Überprüfen Sie die laufende Kette auf steife oder verbogene Glieder. Ob die Kette sich gelängt hat, kann man in ausgebautem Zustand nachmessen.

Kette abnehmen

Eine arg verschmierte Kette wirkt nicht sehr einladend. Packen Sie sie unterhalb der Kettenstrebe mit einem alten Handtuch, und drehen Sie die Kurbeln rückwärts. Raffinierter ist natürlich das Kettenbad (siehe Abbildung unten).

Bei einer Kettenschaltung öffnen Sie die Kette mit dem Nietendrücker. Verringern Sie die Kettenspannung durch Auflegen aufs kleinste Ritzel und kleinste Kettenblatt. Reicht noch nicht? Heben Sie die Kette vorne ab, und lassen Sie sie auf dem Tretlagergehäuse ruhen. Oder ziehen Sie die Schaltwerkschwinge mit einer S-förmig gebogenen Speiche nach vorn.

⮝ Ein S-Haken, aus einer alten Speiche gebogen, ist eine hervorragende Hilfe. Ein Ende wird am Schaltkäfig eingehakt, das andere am Kabelstop an der Kettenstrebe.

⮜ Das Kettenbad wird am Schaltkäfig eingehängt. Es kann aufgeklappt werden, um die Kette aufzunehmen. Eine Reinigungslösung und rotierende Bürsten säubern die Kette, anschließend wird mit Wasser nachgespült. Nachteil: Schmiere an den Ritzeln und Kettenblättern kann auf diese Weise nicht beseitigt werden.

1 Kettenwerkzeug so ansetzen, daß der Stempel genau über einer Niete sitzt

2 Mit elf halben Umdrehungen wird die Niete weit genug herausgedrückt

3 Stempel wieder zurückschrauben und Kettenwerkzeug abnehmen

4 Mit beiden Händen die Kette gefühlvoll hin- und herbiegen und öffnen

Bei der Demontage geht es darum, die Niete nur soweit herauszudrücken, wie es zum Öffnen der Kette erforderlich ist. Auf diese Art macht das anschließende Zusammenfügen keine Probleme. Halten Sie sich an die Fotoanleitung.

Säubern

Diese Arbeit kann man gar nicht sorgfältig genug vornehmen. Eine saubere Kette gewährleistet gute Funktion, hält den Verschleiß in Grenzen und spart auf lang Sicht eine Menge Geld.

Schwenken Sie die Kette in einem Behälter (Backblech o.ä.) mit Kaltreiniger, und schrubben Sie den Dreck mit einer Zahnbürste ab. Chemieresistente Gummihandschuhe sind gut, besonders bei empfindlicher Haut.

Lassen Sie die Kette auf einer dicken Lage Zeitungspapier abtrocknen, und reiben Sie sie mit einem Tuch blank. Den Kaltreiniger gießen Sie in das „Recyclinggefäß", wo die Schmutzpartikel sich am Boden absetzen. Währenddessen kann das Backblech gespült und abgetrocknet werden. Nun wiederholen Sie die ganze Prozedur ein zweites Mal mit frischer Reinigungsflüssigkeit.

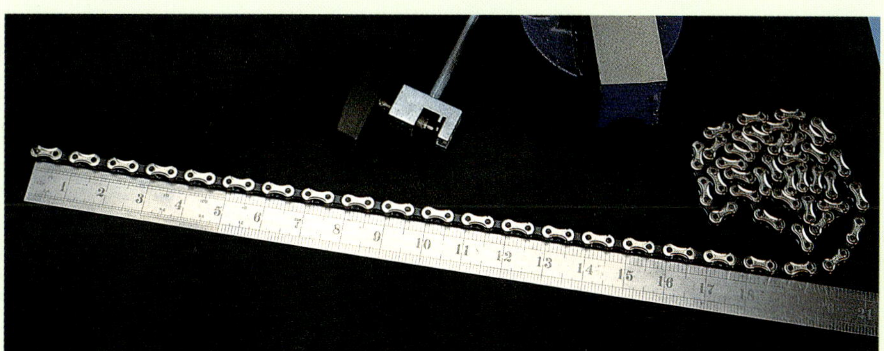

Der Verschleiß (Kettenlängung) wird mit dem Lineal gemessen. Ziehen Sie die Kette gerade auseinander. Die Mitte der ersten Niete kommt an die Nullmarke. Zählen Sie soviele Kettenglieder ab wie möglich. Bei folgenden Werten muß die Kette erneuert werden:

- *5 Glieder 128 mm*
- *10 Glieder 256 mm*
- *20 Glieder 511 mm*
- *30 Glieder 767 mm*

Das reicht meistens aus - aber tun Sie's ruhig ein drittes Mal.

Nach dem letzten Schrubben gießen Sie den Kaltreiniger in die Flasche zurück und waschen die Kette in heißem Seifenwasser. Jetzt gründlich mit klarem Wasser spülen. Kette und Backbleche müßten nun blitzsauber sein.

Zum Trocknen lege ich beides eine halbe Stunde lang in den auf 100 Grad geheizten Backofen. Denken Sie aber unbedingt daran, daß die Angelegenheit nicht ganz ungefährlich ist. Ich habe immer einen Feuerlöscher bereitliegen ...

Nun wartet die Kette auf die „letzte Ölung". Bevorzugen Sie eine Behandlung mit synthetischem Schmierstoff, muß die Kette vorher abgekühlt sein. Tips zur Auswahl des Schmiermittels finden Sie auf den Seiten 21 und 22.

Schmierstoffe auf mineralischer Basis

Einige Radler schwören auf eine Schmierung mit Kettenfett (Motorradfachhandel). Dieses mit Graphit versetzte Spezialmittel wird in flachen Dosen geliefert, die gleichzeitig als „Kochtopf" dienen. Lassen Sie es auf einem Stövchen oder auf dem Herd (kleine Flamme!) warm werden, hängen Sie die Kette an einem S-Haken auf, und lassen Sie sie in die Dose hineingleiten. Am Haken aufgehängt, kann sie anschließend abtropfen und schließlich abgewischt werden. Das Fett ist nun in die Hülsen eingedrungen und schmiert damit weit wirksamer als die oft übliche Oberflächenkosmetik.

Dickflüssiges Getriebe- oder Haftöl (SAE 80-120) ist ein weiterer Geheimtip. Stellen Sie den Kanister (1 l) auf den Boden, und lassen Sie die im Backofen warmgemachte Kette am Haken hineingleiten. Der S-Haken bleibt über der Öffnung liegen. Nach einer Viertelstunde ziehen Sie die Kette wieder hervor und hängen sie so auf, daß das letzte Glied im Kanister bleibt und überschüssiges Öl zurücktropfen kann. Anschließend mit einem sauberen Lappen drübergehen. Auch bei dieser Methode werden die Hülsen von innen geschmiert.

Ich empfehle Ihnen, alle äußerlichen Ölspuren gründlich zu entfernen und das Werk mit einer dünnen Schicht Sprühwachs zu krönen. Im Gegensatz zu Fetten und Ölen kann es gezielt und sparsam dosiert werden, bildet keine Klebschicht und stößt Staub und Schmutz ab. Gefettete Ket-

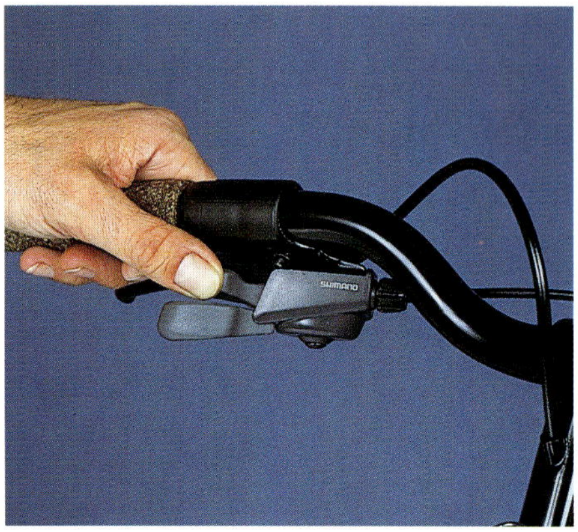

1 *Schalten Sie auf kleinstes Ritzel und kleinstes Kettenblatt*

5 *Fügen Sie die beiden Enden zusammen, dabei sollte die Kette nicht unter Spannung stehen*

Rotationsmethode (drei Ketten)

	1.Woche	2.Woche	3.Woche	4.Woche	5.Woche
Kette **1**	am Rad	sauber	gefettet	am Rad	sauber
Kette **2**	sauber	gefettet	am Rad	sauber	gefettet
Kette **3**	gefettet	am Rad	sauber	gefettet	am Rad

Rotationsmethode (fünf Ketten)

Kette **1**	am Rad	im Bad	sauber	gefettet	gefettet
Kette **2**	im Bad	sauber	gefettet	gefettet	am Rad
Kette **3**	sauber	gefettet	gefettet	am Rad	im Bad
Kette **4**	gefettet	gefettet	am Rad	im Bad	sauber
Kette **5**	gefettet	am Rad	im Bad	sauber	gefettet

Mit fünf Ketten sind Sie flexibler (z.B. eine Pflegeprozedur alle fünf Wochen). Halten Sie jedoch immer die korrekte Reihenfolge ein.

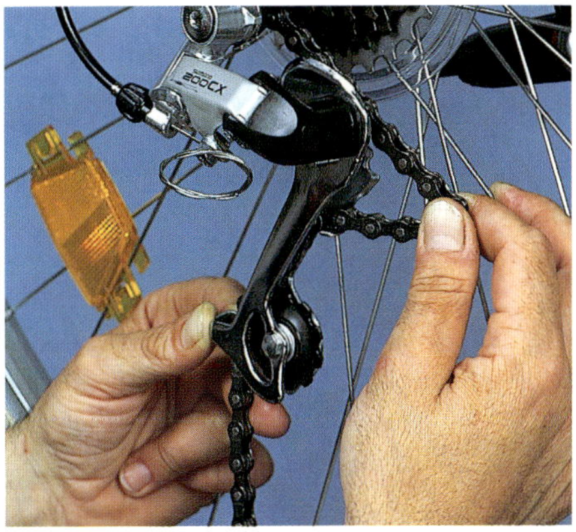

2 Fädeln Sie die Kette vom Ritzel über die Leit- und Spannrolle, und ziehen Sie ein paar Kettenglieder nach vorne durch

3 Die herausgedrückte Niete am anderen Ende schaut nach außen

4 Das andere Ende wird durch den Umwerfer geführt, über das kleinste Blatt gelegt und durchgezogen

6 Das Kettenwerkzeug drückt die Niete mit elf halben Umdrehungen wieder an Ort und Stelle

7 Leichtes Biegen nach innen und außen macht die Nietstelle geschmeidig

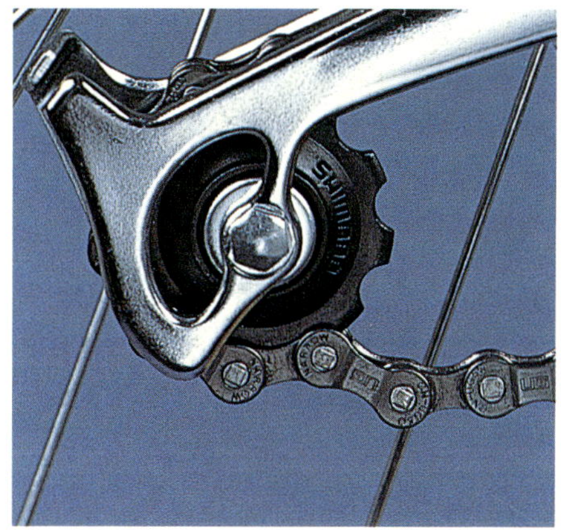

8 Kurbeln Sie rückwärts, und beobachten Sie dabei die Kette. Ist sie noch steif, muß sie erneut gebogen werden

ten sind leider auch Schmutzfänger. Wischen Sie sie deshalb nach der ersten Fahrt gründlich sauber.

Synthetische Schmierstoffe

Hier muß die Kette zuerst auskühlen und dann flach ausgelegt werden. Dabei stehen die Laschen senkrecht und die Nieten waagerecht. Das Schmiermittel ist sehr dünnflüssig und dringt sofort nach innen ein. Lassen Sie deshalb nur zwei bis drei Tropfen in jedes Gelenk fallen. Es ist auch möglich, die Kette trocken zu montieren und dann den Schmierstoff aufzusprühen. Die Flüssigkeit lüftet schnell ab und hinterläßt eine saubere Oberfläche.

Die Rotationsmethode

Wenn Sie ein und dieselbe Fahrradkette bis zum Totalverschleiß fahren, wird's wahrscheinlich teuer werden. Die Kettenblätter und Ritzel haben sich durch die Kette derartig verformt, daß die neue Kette nicht mehr auf die Zähne paßt. Alles austauschen - das kostet einige hundert Mark ...

Die Rotationsmethode, bei der Sie eine beliebige Anzahl Ketten parallel verwenden, schafft Abhilfe. Die Zähne bleiben stets im Einklang mit den turnusmäßig ausgetauschten Ketten. Die Lebensdauer von Kettenblättern und Ritzeln wird enorm erhöht, sie entspricht der von allen verwendeten Ketten zusammengenommen.

Funktion

Schaltwerk und Umwerfer sind die Herzstücke der Kettenschaltung. Mit ihrer Hilfe kann die Kette auf Kettenblätter und Ritzel verschiedener Größe gelegt werden. Damit bestimmen Sie den Tretrhythmus und die Geschwindigkeit. Das Schaltwerk wird durch den rechten, der Umwerfer durch den linken Schalthebel bedient.

In den letzten Jahren haben alle Hersteller an der Perfektionierung der Schalttechnik gearbeitet und eine Menge unterschiedlicher Neuerungen eingeführt. In diesem Buch finden Sie Basisinformationen, die Sie im Prinzip auf jedes Fabrikat anwenden können. Wenn Sie dazu noch die spezifischen Unterlagen für Ihre Schaltung bekommen können - um so besser.

Routinekontrolle

Heute arbeiten fast alle Schaltungen mit einem Index- oder Rastersystem. Der Schalthebel klickt stufenweise ein und wählt exakt den gewünschten Gang. Die früher üblichen Friktionsschaltungen funktionierten mit Feeling. Das bequeme Servogetriebe hat allerdings den Nachteil, sich leicht zu verstellen. Man merkt es unterwegs, wenn die Kette rutscht und nicht recht aufs Ritzel will oder wenn ein ratterndes Geräusch von einer unsauberen Gangposition kündet.

Sollte die Kette übersteuern, das heißt nach innen oder außen vom Zahnkranz fallen, verklemmt sie sich zwischen dem größten Ritzel und den Speichen oder zwischen dem kleinsten Ritzel und dem Ausfallende. Dann muß die jeweilige Begrenzungsschraube justiert werden. Dasselbe gilt für entsprechende Fehlfunktionen des Umwerfers.

Die Schalträdchen werden bei jeder Überholung ausgetauscht; während des Checks werden sie nur auf seitliches Spiel überprüft. Zuviel davon kann die Schaltpräzision beeinträchtigen.

Abschließend (und immer nach einem Sturz!) sollten Sie nachsehen, ob das Schaltwerk - speziell die Schwinge mit den Schalträdchen - fluchtet. Ein verbogenes Schaltwerk läßt sich in Ausnahmefällen noch richten. Schauen Sie aber vorher nach, ob der Fehler nicht in einem verbogenen Ausfallende liegt! Dieses Problem wird auf den Seiten 34 und 35 ausführlich behandelt. Der Umwerfer ist gegen Beschädigungen weitgehend immun.

Der Schwenkbereich von Schaltwerk und Umwerfer wird mit den Schrauben H (High, Begrenzung nach außen) und L (Low, innen) eingestellt

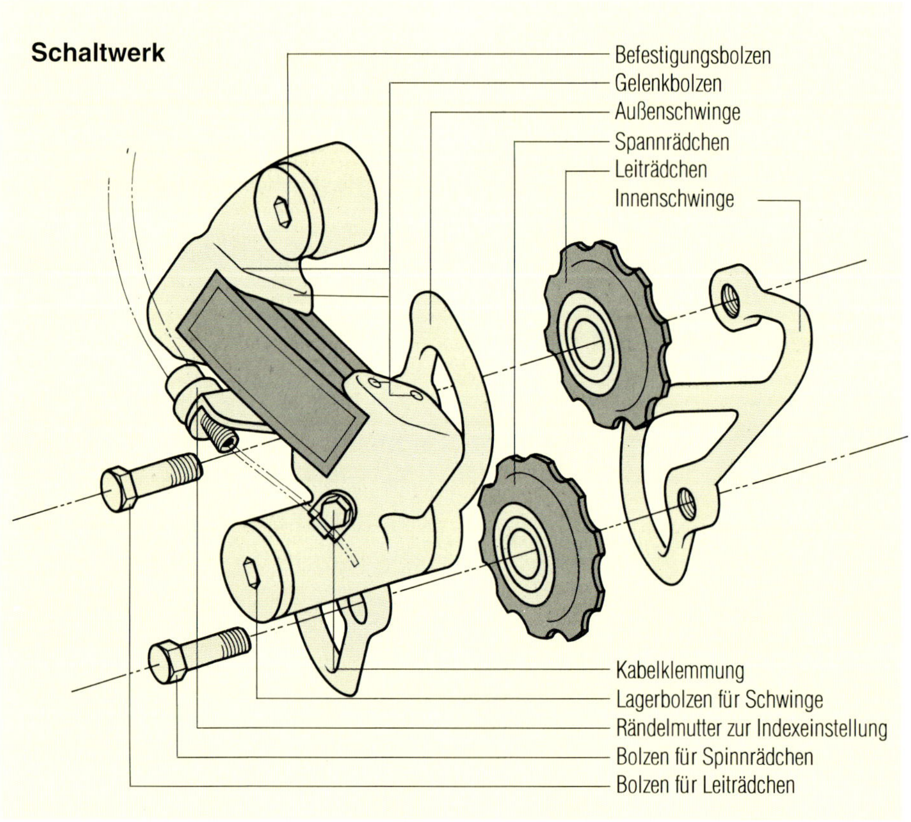

⋏ *Nach einem Aufprall muß die Ausrichtung des Schaltwerks abgecheckt werden; eventuell ist das Ausfallende verbogen*

Wartung

Nach der Kettenmontage sollte die Schaltung grundsätzlich neu eingestellt werden.

Schaltwerk und Umwerfer haben je zwei Justierschrauben zur Eingrenzung des Schwenkbereichs. „H" grenzt die Bewegung nach außen ein, „L" regelt den Weg nach innen. Mit diesen Schrauben verhindern Sie, daß die Kette den Zahnkranz beziehungsweise die Kettenblätter verläßt und sich verklemmt.

Und so wird eingestellt: Schalten Sie hinten aufs kleinste Ritzel und vorn aufs größte Kettenblatt. Machen Sie die Augenprobe: Stehen die Schalträdchen genau senkrecht unter dem kleinsten Ritzel? Falls nicht, drehen Sie Schraube „H", bis die Rädchen fluchten. Nun nehmen Sie den Umwerfer in Augenschein. Das äußere Leitblech soll sich dicht vor der Kette befinden, ohne sie jedoch zu berühren. Drehen Sie auch hier die Schraube „H", bis die korrekte Position erreicht ist.

Legen Sie nun den kleinsten Gang ein; die Kette liegt dabei auf dem größten Ritzel und dem kleinsten Kettenblatt. Auch hierbei müssen die Schalträdchen mit dem Ritzel fluchten - falls nicht, erreichen Sie das mittels der Einstellschraube „L". Vorne muß 1-1,5 mm Luft zwischem dem inneren Leitblech und der Kette sein. Falls nötig, drehen Sie die Justierschraube „L".

Erst jetzt kommt die Indexjustage an die Reihe. Sie besteht aus einer Feinregulierung der Kabelspannung.

Am Schaltwerk sehen Sie dort, wo das Schaltkabel eintritt, eine Rändelmutter. Durch Herausschrauben wird die Kabelspannung erhöht, durch Hineindrehen verringert.

⋎ *Fassen Sie die Schalträdchen mit Daumen und Zeigefinger, um das Lagerspiel zu überprüfen. Bei mehr als 3 mm Spiel Rädchen ersetzen!*

⋎ *Austausch: Statt der Normalausführung mit Fettrinne und Lagerhülse (links) können Sie auch kugelgelagerte Rädchen (rechts) einsetzen, sie laufen leichter und halten länger*

1 *Das Velo ist im Montageständer; Sie kurbeln und schalten aufs große Kettenblatt und aufs zweitkleinste Ritzel*

2 *Die Schalträdchen müssen senkrecht unter dem Ritzel stehen - andernfalls mittels der Rändelmutter justieren*

3 *Schalten Sie nun aufs nächstgrößere Ritzel, und überprüfen Sie erneut, ob Rädchen und Ritzel fluchten*

Sinn dieser Einrichtung ist es, den Gangwechsel mit den Ritzelabständen in perfekten Einklang zu bringen. Wie es gemacht wird, sehen Sie auf den Fotos.

Die Positionierung am Umwerfer ist einfacher. Schalten Sie vorne aufs mittlere Kettenblatt (falls nur zwei vorhanden sind, aufs innere) und hinten auf das mittlere Ritzel. Justieren Sie die Kabelspannung mit der Rändelmutter am rechten Schalthebel, bis die Kette mittig durch den Umwerferkäfig läuft. Ubrigens: Schalten Sie hinten über mehr als vier Ritzel hinweg, muß vorne ein Halbschritt geschaltet werden, damit die Kette nicht gegen das Umwerferleitblech schabt.

Grundüberholung Schaltwerk

Bauen Sie das Teil ab. Mit dem Entfernen der Schalträdchen kommt auch die Innenschwinge frei. Merken Sie sich die Position der Teile und die Reihenfolge des Ausbaus. Nun wandert alles in das obligatorische Kaltreinigerbad, wird gründlich mit dem Pinsel gesäubert (besonders die Ge-

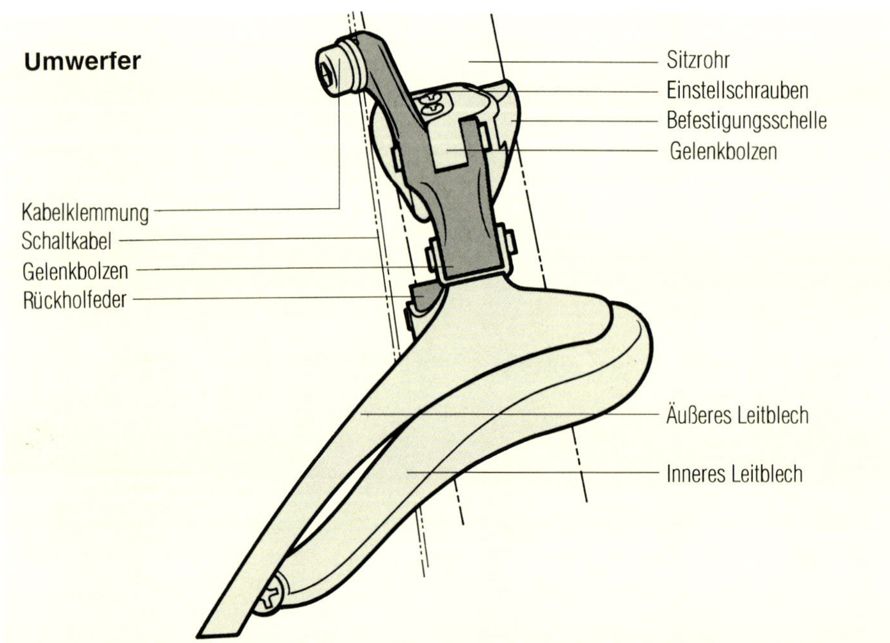

1 *Bei leicht angezogener Schelle drücken Sie den Mechanismus gegen die Federspannung ganz nach außen*

4 Auch jetzt sorgt die Rändelmutter für die Feineinstellung, damit ist der positionierende Gangwechsel perfekt

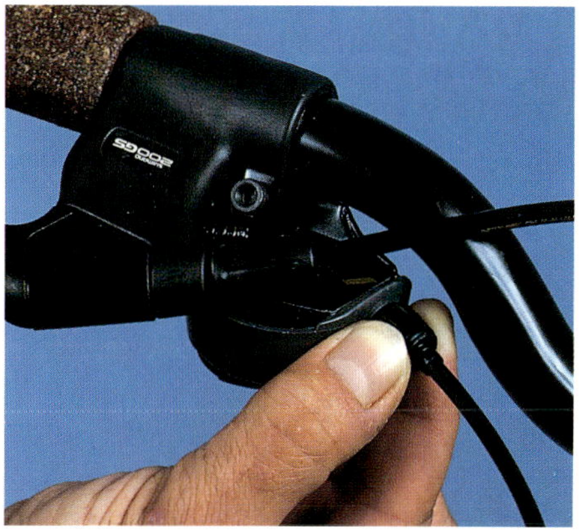

5 Schalten Sie alle Ritzel durch, letzte Regulierungen nehmen Sie mit der Einstellschraube am Schalthebel vor

6 Ist der Wechsel von kleinen zu großen Ritzeln zu schwerfällig, erhöhen Sie die Kabelspannung - und umgekehrt

lenkbolzen) und mit Wasser abgespült. Gönnen Sie den Teilen nun Zeit, um zu trocknen.

Die neuen Schalträdchen werden von beiden Seiten eingefettet, danach die Lagerhülsen eingesetzt und mit den dazugehörigen Scheiben abgedichtet. Beim Einbau der Rädchen die Bolzen fest anziehen! Nun kommt der ganze Mechanismus wieder ans rechte Ausfallende.

Grundüberholung Umwerfer

Zum Säubern kann der Umwerfer am Rahmen bleiben. Sollten Sie ihn doch einmal entfernen wollen, so montieren Sie ihn entsprechend der Fotoanleitung.

Funktionstest

Ob die komplette Schaltung nach Wunsch arbeitet, finden Sie nur auf einer Probefahrt heraus. Sie muß nicht lang sein - Hauptsache, alle Gänge werden mehrmals durchgeschaltet.

2 Schelle lösen und Umwerfer verschieben, bis er - nach außen gedrückt - 2 mm über dem großen Kettenblatt schwebt

3 Von oben gesehen, muß das äußere Leitblech parallel zum großen Kettenblatt verlaufen.

4 Überprüfen Sie alle Einstellungen. Ziehen Sie dann die Schelle fest; nun kann das Schaltkabel angeklemmt werden

NABENSCHALTUNG

Funktion

Die in der Hinterradnabe integrierte Schaltung erfüllt dieselben Aufgaben wie eine Kettenschaltung, ist jedoch schmutz- und wassergeschützt. Obwohl sie weit weniger Gänge bietet als eine Kettenschaltung, erfreut sie sich wegen ihrer Zuverlässigkeit und einfachen Bedienung großer Beliebtheit.

Routinekontrolle

Unterwegs werden Sie jede Funktionsstörung schnell bemerken - Klappern oder schleifende Geräusche geben davon Kunde. Lose Konuslager in der eigentlichen Hinterradnabe haben dagegen nichts mit der Schaltung zu tun. Sie werden in gewohnter Weise justiert.

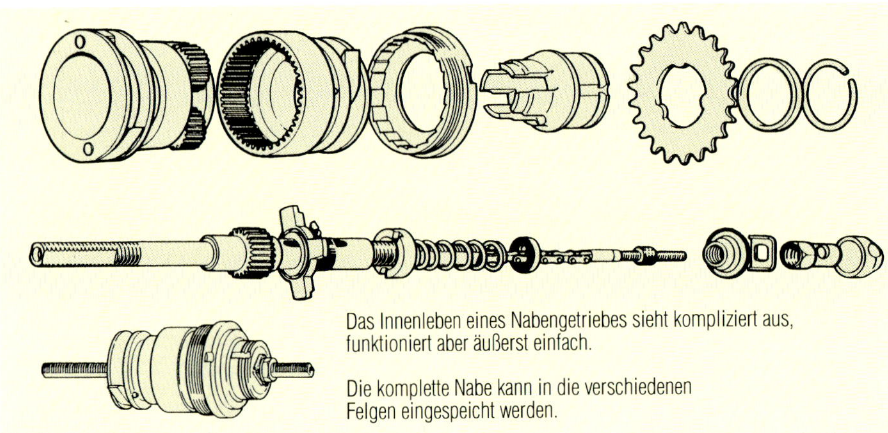

Das Innenleben eines Nabengetriebes sieht kompliziert aus, funktioniert aber äußerst einfach.

Die komplette Nabe kann in die verschiedenen Felgen eingespeicht werden.

Alle Schaltnaben (außer Sachs Orbit) verwenden breite Ketten mit einem Kettenschloß. Zum Öffnen und Schließen ist kein Nietendrücker, sondern nur eine Zange erforderlich (siehe unten). Das geschlossene Ende des Kettenschlosses muß immer nach vorn (in Bewegungsrichtung) zeigen.

Ist Ihre Schaltung ein älteres Modell mit Schmiernippel, lassen Sie alle sechs Wochen ein paar Tropfen Öl (SAE 30) hineintropfen

1 *Vor dem Einstellen: Sitzt der Kabelgegenhalter fest am Rahmen?*

5 *Kabel mit Einstellhülse spannen, bis Schaltkettchen aus Achse gezogen ist*

Wartung

Der einwandfreie Gangwechsel hängt in erster Linie vom Schaltkabel ab. Nach der Montage eines neues Schaltzugs muß deswegen mehrmals nachjustiert werden, um die Längung des Kabels zu kompensieren (siehe Abbildungen). Anschließend arbeitet das Getriebe wartungsfrei.

Überprüfen Sie den Sitz der Plastikkappe; sie darf die Bewegung des Schaltkettchens nicht behindern.

Einstellen der Hinterradnabe? Beachten Sie bitte: rechter Konus ist werkseitig fixiert, linker ist beweglich.

Das Innenleben eines Nabengetriebes sieht kompliziert aus, funktioniert aber äußerst einfach. Die kom-

2 Bei Dreigangnabe zweiten Gang, bei Fünfgangnabe dritten Gang einlegen

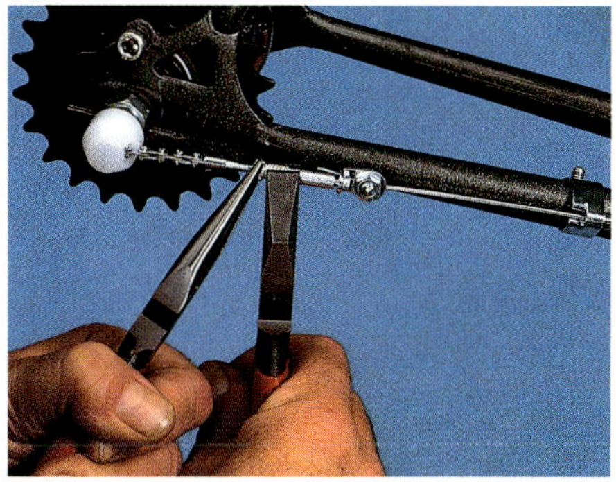

3 Geriffelten Konterring von der Einstellhülse losschrauben

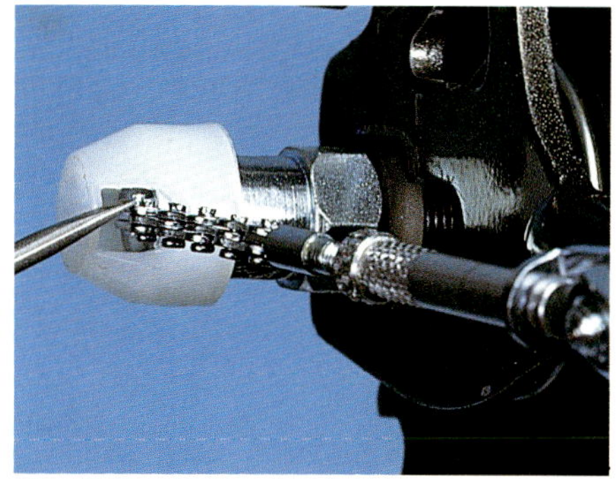

4 Die Plastikschutzkappe darf das Schaltkettchen nicht behindern

6 Ob das der Fall ist, zeigt ein Blick in das Kontrollfenster der Achsmutter

7 Falls es nicht möglich ist, verschieben Sie den Kabelgegenhalter

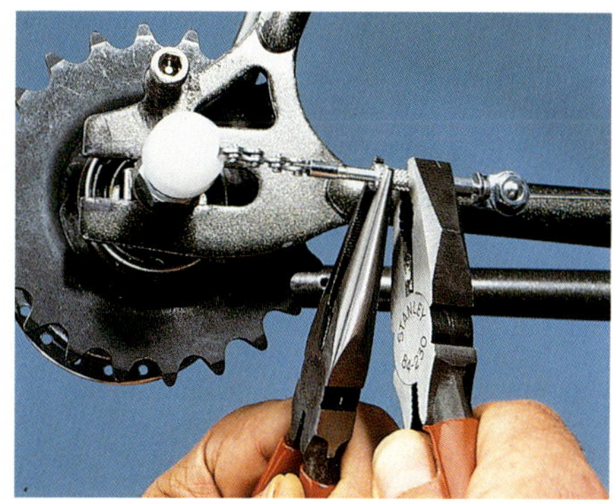

8 Zum Schluß mit zwei Zangen den Konterring gegen die Einstellhülse festziehen

plette Nabe kann in die verschiedensten Felgen eingespeicht werden.

Um das Lagerspiel einzustellen, können Sie das Laufrad ruhig eingebaut lassen. Lösen Sie die linke Achsmutter. Nun brauchen Sie ein Paar schmale Konusschlüssel. Mit einem lockern Sie die Kontermutter. Mit dem zweiten drehen Sie den (linken) Stellkonus fest, lösen ihn dann wieder eine Achtelumdrehung. Ein prüfender Griff zur Felge: das Lager hat etwas Luft und dreht leicht. Konus festhalten, Kontermutter fest dagegenschrauben. Radlauf o.k.? Dann wird auch die Achsmutter wieder festgezogen.

Ziehen Sie die Arbeit am ausgebauten Laufrad vor, spannen Sie das Hinterrad mit der Achse in den Schraubstock. Das linke Achsende zeigt nach oben. Vorsicht: Gewinde beim Einspannen nicht beschädigen! Nun kann die Nabe wie oben beschrieben eingestellt werden.

Grundüberholung

Sie ist nur alle fünf Jahre angesagt - und auch nur dann, wenn es bei der Wartungsroutine Schwierigkeiten gibt. Am einfachsten ist es sicherlich, die Überholung durch eine Werkstatt ausführen zu lassen. Andererseits ist es sehr befriedigend, so ein Getriebe eigenhändig zu zerlegen, zu reparieren und zusammenzubauen. Ersatzteile sind zu bekommen, falls Ihr Händler den nötigen Goodwill zeigt. Detaillierte Anleitungen für eine Anzahl verschiedener Nabenschaltungen finden Sie in dem Buch „Fahrrad für Kenner", Moby Dick Verlag.

Fabrikate

Es gibt Drei-, Fünf- und Siebengangnaben in unterschiedlichsten Ausführungen: solo oder kombiniert mit Trommel- oder Rücktrittbremsen, hergestellt von Sachs, Sturmey Archer und Shimano. Eine Sonderstellung nimmt die Sachs Orbit ein; sie kombiniert eine Zweigangnabe mit einem regulären Zahnkranz.

Die oben beschriebenen Checks sind weitgehend unabhängig vom Fabrikat.

Funktion

Die Bedienungselemente für Bremsen und Gangschaltung sind heute gewöhnlich am Lenker montiert, zum Teil als kombinierte Einheiten.

Es gibt unterschiedliche Bremshebel für Rennbremsen und für ATB-Bremsen. Die ersteren werden am Rennlenker, die letzteren an geraden Lenkerbügeln montiert. Sie können nicht untereinander ausgetauscht werden.

Schalthebel lassen sich in drei Gruppen gliedern. Die erste funktioniert nach dem Wickelprinzip: bei jedem Fingerdruck wird das Schaltkabel ein Stück aufgewickelt und damit angezogen. Hierzu gehören die klassischen Renn-, Lenkerend- und ATB-Daumenschalter sowie der unter dem Lenker sitzende „Wishbone" von Suntour.

Die weit verbreiteten Doppelschalthebel - bei Shimano „Rapidfire" genannt - bilden die zweite Gruppe. Ein Hebel besorgt das Heraufschalten, der andere das Herunterschalten.

Immer beliebter werden auch die Drehgriffschalter, erhältlich in verschiedenen Versionen von Sachs über Campagnolo bis zum Twist Grip.

Routinekontrolle: Bremshebel

Überprüfen Sie den festen und funktionsgerechten Sitz (bequeme, sichere Handhabung) sowie die seitliche Stabilität. Bei ATB-Bremsen zeigt der Bremshebel schräg nach unten. Bei Rennlenkern wird er am Außenbogen montiert. Ein verbogener oder eingerissener Griff sollte umgehend ersetzt werden.

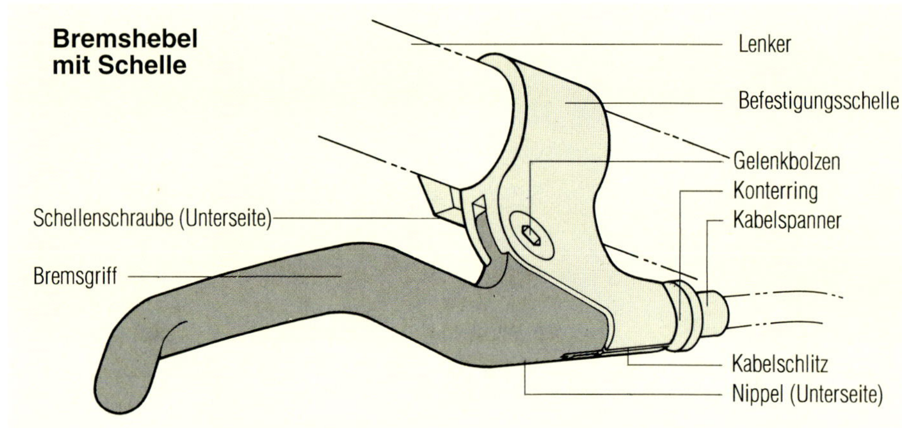

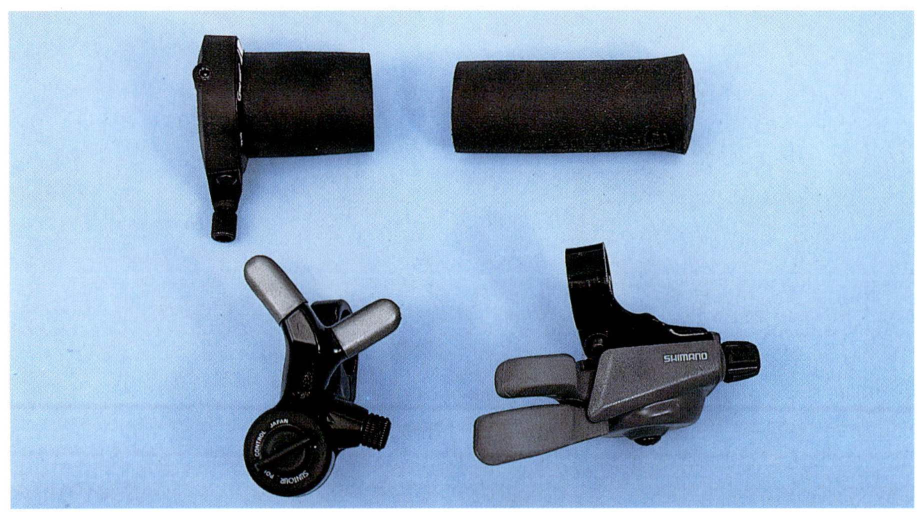

▲ Der Gripshift (oben) ist wohl der populärste Drehgriff. Der Wishbone (links) arbeitet nach dem Wickelprinzip. Doppelschalter (rechts) sind die Norm für ATBs.

➤ Bremshebel mit Schellenmontage lassen sich nach Lösen der Befestigungsschraube vom Lenker abziehen

Check: Schalthebel

Ist die Befestigungsschelle fest am Lenker montiert? Liegen die Schalthebel in bequemer Reichweite der Finger? Bei den Modellen der ersten Gruppe sollten Sie die Einstellung des Dämpfers abchecken. Er gleicht den Druck der Rückholfedern an Schalt-

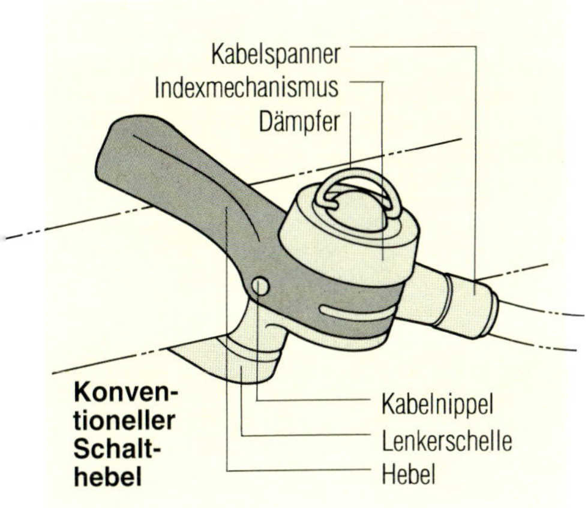

werk und Umwerfer aus und reguliert die Gängigkeit des Schalthebels. Zu fest angezogen, verhindert er das Schalten. Ist er dagegen zu locker, rutschen die Gänge durch.

Wartung: Bremshebel

Die Arbeiten zur Einstellung sind minimal. Montage am Lenker, Einstellen und Fixieren: alles wird mit der

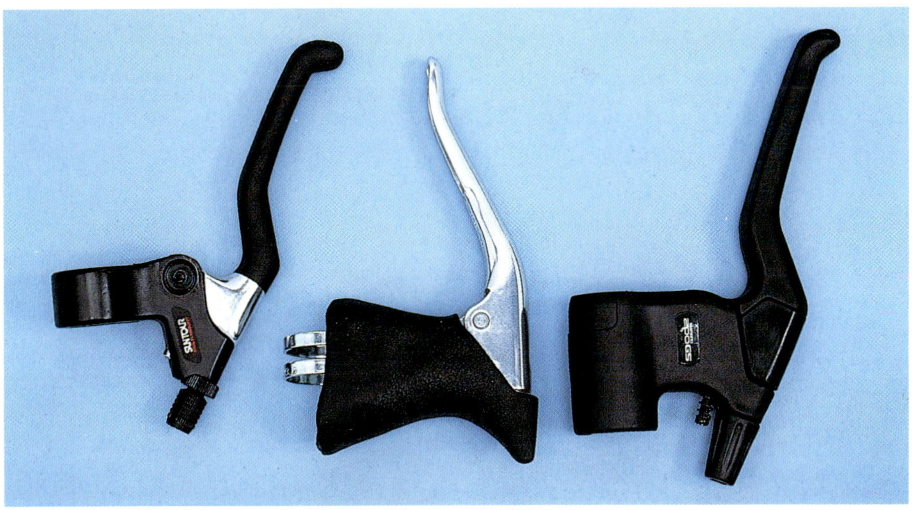

▲ Bremshebel für gerade Lenker (links) werden normalerweise mit einer Schelle befestigt; Rennhebel (Mitte) mit einer Bandage. Der rechte Hebel für gerade Lenker wird ebenfalls per Bandage montiert.

◄ Die Befestigungsschraube für Bandagen liegt innerhalb des Bremsgriffs

Schellen- bzw. Bandagenklemmschraube bewerkstelligt.

Bei den meisten ATB-Bremshebeln liegt diese Schraube außen/unten; sie drückt die massive Schelle zusammen. Etwas anders sieht es bei der flexiblen Lenkerbandage aus. Sie wird durch Andrehen der innenliegenden Klemmschraube verkürzt und zieht sich damit fest um den Lenker. Die Bandagenklemmschraube wird sichtbar, wenn Sie den Bremsgriff betätigen. Sie befindet sich unterhalb des Kabels.

Wartung: Schalthebel

Alle am Lenker angebrachten Schalter haben eine Schellenbefestigung mit einer (Inbus-)Klemmschraube. Drehgriffschalter folgen unterschiedlichen Befestigungsmethoden. Halten Sie sich hier bitte an die Instruktionen des Herstellers.

Am konventionellen Daumenschalter muß die Einstellung des Dämpfers kontrolliert werden (siehe oben). Doppelschalthebel verfügen nicht über diese Vorrichtung.

Grundüberholung

Dank ihrer robusten Bauweise benötigen die Bremshebel nichts als ab und zu einen Tropfen Öl auf den Gelenkbolzen. Bei vielen Modellen kann der Gelenkbolzen herausgeschraubt und der Griff abgenommen werden. Das lädt ein zur Demontage, gründlichen Reinigung und neuen Schmierung. Aber achten Sie bitte darauf, Zwischenringe und Unterlegscheiben wieder in der richtigen Reihenfolge zu integrieren. Zum Schluß wird der Gelenkbolzen so fest eingeschraubt, daß nichts wackelt - und so lose, daß er leicht beweglich bleibt.

Schalthebel haben eine lange Lebensdauer und sind praktisch wartungsfrei. Doppelschalthebel sollten ohnehin nicht demontiert werden. Wenn die Funktion nachhaltig gestört ist - Ersatz kaufen.

BOWDENZÜGE

Funktion

Die Bowden- oder Seilzüge an einem Fahrrad gestatten die Bedienung der Bremsen und der Gangschaltung vom Lenker aus. Ihre Bestandteile: Der Innenzug (Kabel), ein gedrehtes oder geflochtenes Stahlseil und der spiralig aufgebaute, flexible, kunststoffbezogene Außenzug (Kabelhülle). Er bedeckt einen Teil des Innenzugs. Mit den Indexschaltungen kamen „sensiblere“ Außenzüge auf, die in Längsrichtung und nicht mehr als Spirale konstruiert sind.

Das normale Fahrrad hat vier Züge: zwei kräftige für die Bremsen und zwei dünnere für Umwerfer und Schaltwerk.

Routinekontrolle

Der Innenzug ist von Natur aus biegsam. Wird er aber geknickt, oder schleift er an anderen Teilen, ist es bald aus mit ihm. Untersuchen Sie deshalb akribisch die Stellen vor und hinter einer Umlenkrolle. Diese sind meistens zu klein ausgelegt und zwingen das Kabel in scharfe Biegungen. Auch der Eintritt des Seilzugs in die Kabelhülle und alle Seilzugführungen (z.B. unterm Tretlager) verdienen besondere Beachtung.

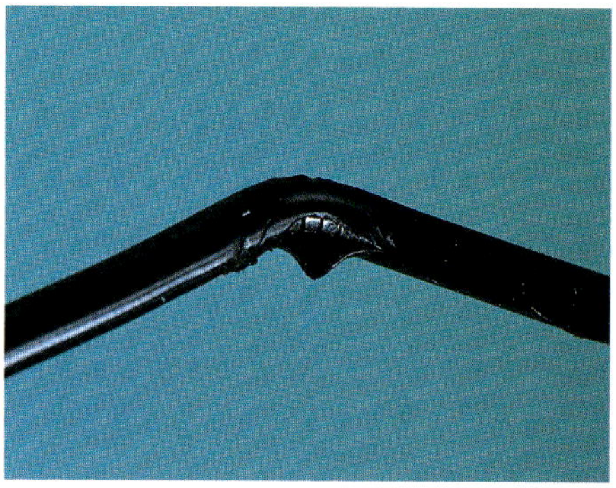

▲ Eine zu kurze oder zu stark gebogene Kabelhülle knickt, bricht auf und rostet

Der Innenzug muß leicht und geschmeidig im Außenzug gleiten können. Tut er es nicht, mangelt es an Schmierung - oder das Kabel ist geknickt.

Wartung

Am sichersten ist es, sich die Wartungsarbeit ganz zu sparen. Erneuern Sie lieber turnusmäßig die Züge. In der Regel muß nur das Kabel ersetzt werden.

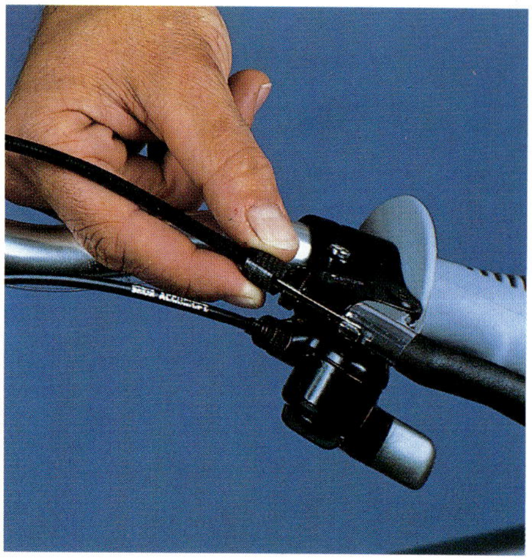

1 *Bremskabel entspannen: Konterring losdrehen, Kabelspanner ganz hineindrehen. Schlitze in Kabelspanner und Bremsgriff in einer Linie?*

Grundüberholung

Die Bowdenzüge funktionieren? Prima. Ersetzen Sie trotzdem die Kabel, um jedes Risiko auszuschließen. Die Kosten sind gering, die Prozedur ist einfach. Orientieren Sie sich an den Bildsequenzen.

1 *Schalthebel ganz nach innen drücken: so wird das Schaltkabel entspannt*

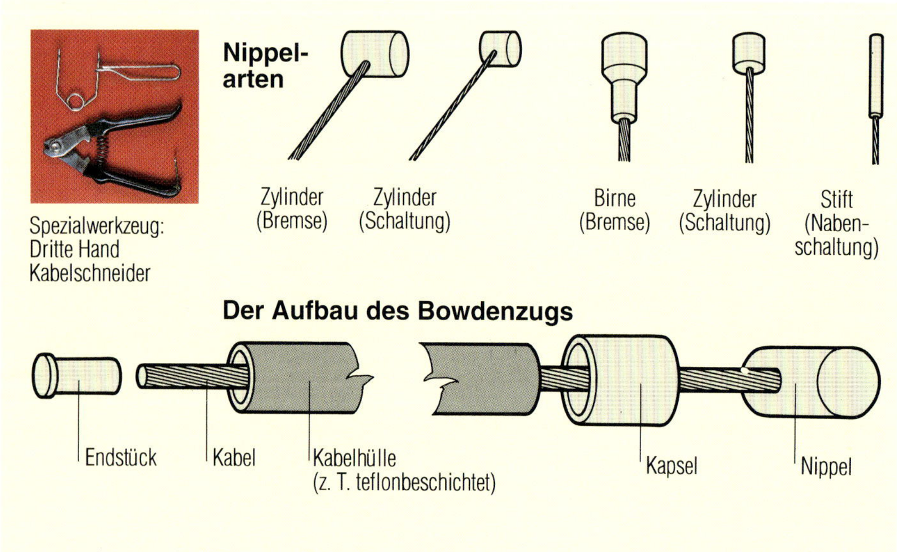

2 Bremsklötze mit „Dritter Hand" anpressen, um die restliche Spannung vom Seilzug zu nehmen. Klemmbolzen lösen, Kabel herausziehen

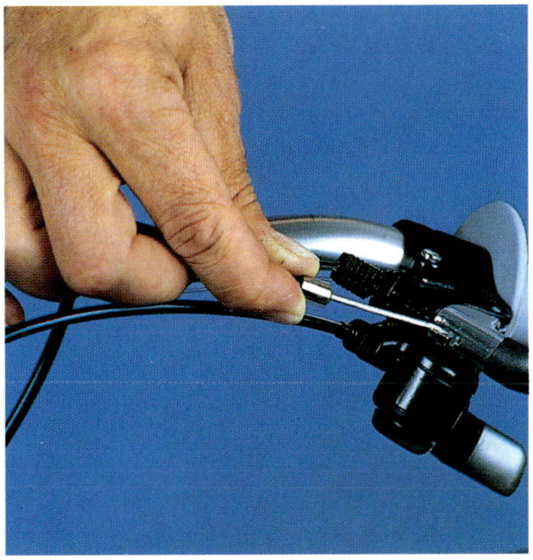

3 Kabelhülle mit Kapsel aus dem Kabelspanner ziehen - die gerade ausgerichteten Schlitze geben jetzt das Kabel frei

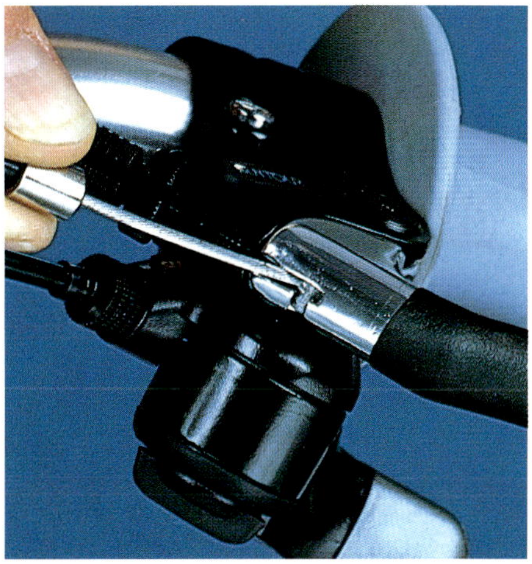

4 Steht das Kabel rechtwinklig zum Bremsgriff, löst sich auch der Nippel aus seiner Verankerung

Bremszüge

Das alte Kabel raus-, das neue einfetten und reinschieben. Achtung: Sind alle Kapseln aufgeschoben? Nippel am Bremsgriff eingehängen, das Kabel durch den Schlitz des Kabelspanners führen. Der Außenzug wird in den Kabelspanner eingesetzt. Fädeln Sie das Kabel durch den Anschlag oberhalb der Bremse und in die Kabelklemmung. Hier festschrauben. „Dritte Hand" abnehmen, Seilspannung justieren, fertig! Nun das überstehende Kabel abschneiden und mit einer Kappe oder einem Tropfen Lötzinn gegen Zerfransen sichern.

Schaltzüge

Der Nippel am Kabelende wird im Schalthebel verankert. Fetten Sie den Seilzug ein, dann schieben Sie ihn durch den Außenzug und über alle Führungen und Umlenkrollen hinweg bis zur Kabelklemmung. Hier ist Endstation: Seilzug festziehen, Gangschaltung einstellen und zum Schluß wieder die oben beschriebene Kosmetik ausführen, bei der das überstehende Ende gekürzt und gesichert wird.

2 Am Umwerfer den Klemmbolzen losschrauben, Kabel abziehen

3 Schalthebel bis zum Anschlag: Das Kabel kommt ein Stück heraus

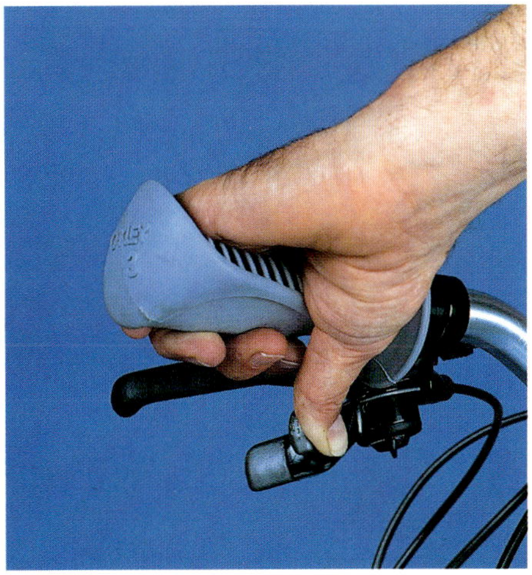

4 Wieder zurück! Nun kann der Seilzug am Nippel herausgezogen werden.

CANTILEVERBREMSEN

Funktion

Jeder Bremsklotz ist Teil eines einzelnen Bremskörpers, der auf einem angelöteten Sockel drehbar angebracht ist. Beim Anziehen des Bremsgriffs pressen sich die Bremsklötze seitlich an die Felge.

„Cantis“ sind heute die meistbenutzten Fahrradbremsen. Verschiedene abweichende Formen - ebenfalls auf Sockeln montiert - konnten sich ein paar Jahre halten, sind heute aber praktisch verschwunden. Unsere Anleitungen für Checks, Wartung usw. sollten für jede Art Cantileverbremsen hinreichend sein.

Routinekontrolle

Reicht die Kabelspannung aus? Betätigen Sie den Bremsgriff. Etwa 30 mm vorm Lenker sollte er deutlichen Widerstand bieten. Jetzt noch mal kräftig zupacken! Es müßten aufgrund der Kabeldehnung (und der Flexibilität der anderen Teile) noch rund 15 mm drin sein. In dieser Haltung können Ihre Finger maximale Kraft entfalten. Kann der Griff bis an den Lenker durchgezogen werden, erhöhen Sie die Kabelspannung. Kommt er nicht bis auf 15 mm an den Lenkerbügel heran, geben Sie ein wenig Länge zu.

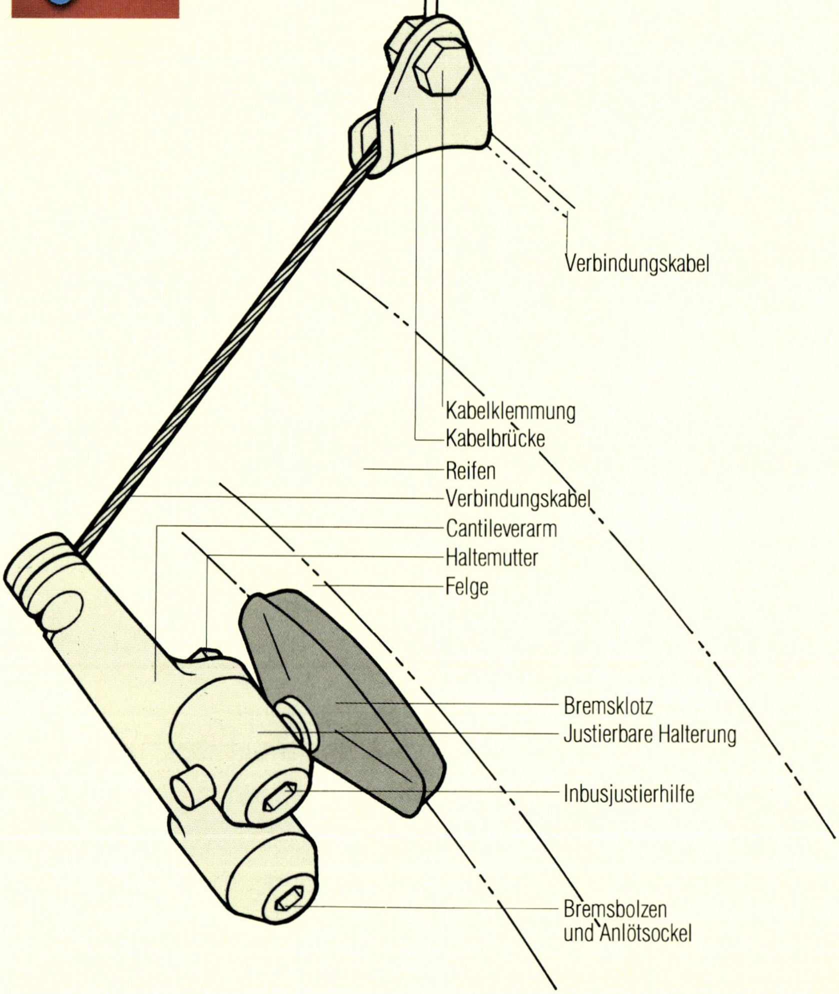

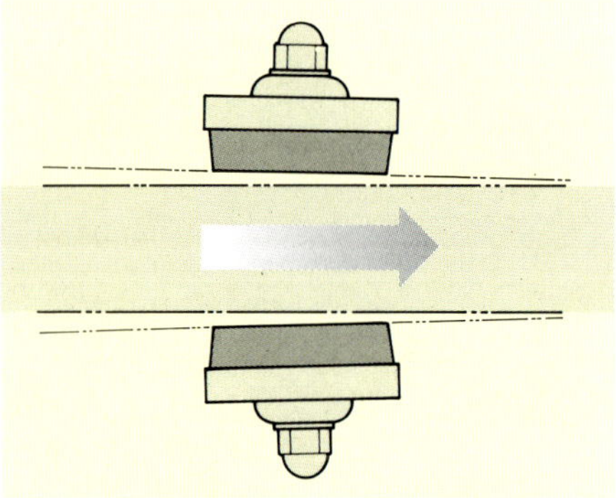

➤ Damit die Bremse nicht quietscht, stellen Sie die Bremsklötze asymmetrisch ein: wenn sie vorne anliegen, sollten sie hinten noch 2 mm Luft haben

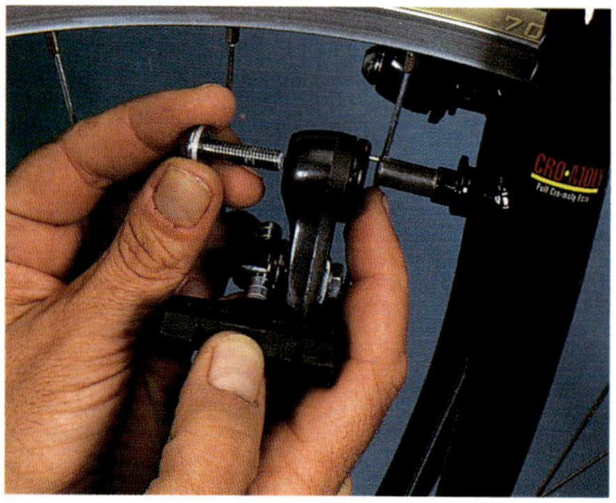

➤ Demontage: Kabel aushaken, Bremsbolzen abschrauben und Bremskörper vom Sockel abziehen. Vergessen Sie nicht, den Sockel vor der Montage gut zu fetten.

Werfen wir nun einen kritischen Blick auf die Bremsklötze. Sie müssen in der Mitte der Felgenflanke aufsetzen. Zu weit oben, schleifen sie eine Kerbe in den Reifen. Zu weit unten, können sie leicht ganz von der Felge rutschen, und dann wird's brenzlig: wenn nur die Bremse versagt, haben Sie noch Glück gehabt - fällt der Bremsklotz in die Speiche, werden Sie vom Rad katapultiert.

Natürlich dürfen die Bremsklötze nicht an der Bremse schleifen. Quietschgeräusche vermeiden Sie durch asymmetrische Einstellung (Abbildung S. 60) und durch Abreiben der Felge mit Spiritus. Untersuchen Sie auch die Oberfläche der Bremsbeläge - falls nötig, leicht abschmirgeln.

Abgefahrene Bremsklötze umgehend austauschen! Manche Fabrikate haben eine „Checklinie“, die das kritische Verschleißstadium anzeigt. Ganz schlimm wird es, wenn statt der Gummiklötze nur noch deren eiserner Halteschuh bremst - dann dürfen Sie zu den Bremsklötzen gleich noch eine neue Felge anschaffen ...

Wartung

Die Bremsklötze können in allen Ebenen ausgerichtet und mittels einer Haltemutter gesichert werden. Vorn an der Halterung befindet sich eine Sechskantvertiefung. Ein hier eingesteckter Inbusschlüssel erleichtert Ihnen das Richten des Bremsklotzes. Dieser Inbus hat aber keine Schraubfunktion.

Das Ausrichten der Bremsklötze ist aus den Fotos zu ersehen. Dabei haben Sie mit der Tücke des Objekts zu kämpfen. Die Stopper verstellen sich boshafterweise immer dann, wenn Sie den Haltebolzen endgültig festziehen wollen. Mit der Zeit lernt man, sich darauf einzustellen.

Die asymmetrische Justierung hat Bedeutung für die einwandfreie (und geräuscharme) Verzögerung. Dabei liegt das vordere Ende des Bremsklotzes (in Laufrichtung der Felge gesehen) dichter an der Felge an als das hintere Ende. Erst beim Anbremsen zieht sich die ganze Fläche an die Felgenflanke heran.

Demontage

Kabel aushängen, Bremsbolzen abschrauben - und schon können die Bremskörper abgezogen werden. Damit der Bolzen nicht verlorengeht, schrauben Sie ihn am besten gleich wieder in den Anlötsockel.

Grundüberholung

Nach dem Zerlegen können die Bremsklötze erneuert oder wenigstens mit Schleifpapier aufgefrischt werden (es ist eine Überlegung wert, eventuell Spezialklötze mit besseren Naßbremseigenschaften zu montieren). Der Anlötsockel kriegt eine neue Fettpackung. Und nach der Montage: Bremsen wieder einstellen.

1 *Per Daumen drücken Sie die Bremse an und checken, wie die Ausrichtung vorgenommen werden muß*

2 *Inbus einstecken, Haltemutter mit einem Schraubenschlüssel eine ganze Umdrehung lösen*

3 *Richten Sie mit Hilfe des Inbusschlüssels den Bremsklotz aus, Haltemutter provisorisch anziehen*

4 *Bremsklotz zur Überprüfung andrücken. Einstellung korrekt? Dann die Mutter endgültig festschrauben.*

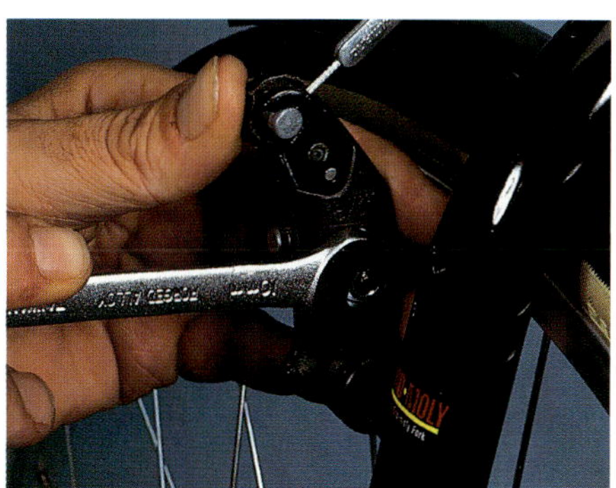

TROMMEL- UND RÜCKTRITT-

Funktion

Diese Bremsen sind vollgekapselt in den Naben untergebracht. Zweifellos ein Vorteil, denn Wasser und Schmutz haben keine Chance. Trommelbremsen haben zwei halbkreisförmige Bremsschuhe, die beim Verzögern auseinandergedrückt werden.

Beim Rücktritt spreizt sich ein Bremsmantel auseinander und preßt sich innen an das Nabengehäuse. Die Rücktrittbremse ist ein Sonderfall, denn sie wird mit dem Fuß aktiviert.

Kontrolle: Trommelbremse

Es sind zuverlässige und robuste Stopper; die Überprüfung beschränkt sich in der Regel auf die Kabeljustierung. Ziehen Sie den Bremshebel an: er müßte bis rund 30 mm an den Lenker herankommen. Wenn Sie nun noch einmal kräftig zupacken, sollte er weitere 15 mm Weg machen (Kabeldehnung). In dieser Position verfügen Sie über die maximale Brems-Power. Nötigenfalls stellen Sie den Seilzug nach!

Überprüfen Sie, ob die Bremsschuhe frei laufen: Rad anheben, in Drehung versetzen. Es muß sich leicht drehen und langsam auspendeln, wobei zum Schluß das Ventil unten steht. Hören Sie ein Schleifgeräusch, oder kommt das rotierende Rad abrupt zum Halt, muß die Kabelspannung erhöht werden.

Wie bei anderen Naben auch, werden die Konuslager der Rücktritt- und Trommelbremsnaben auf freien Lauf

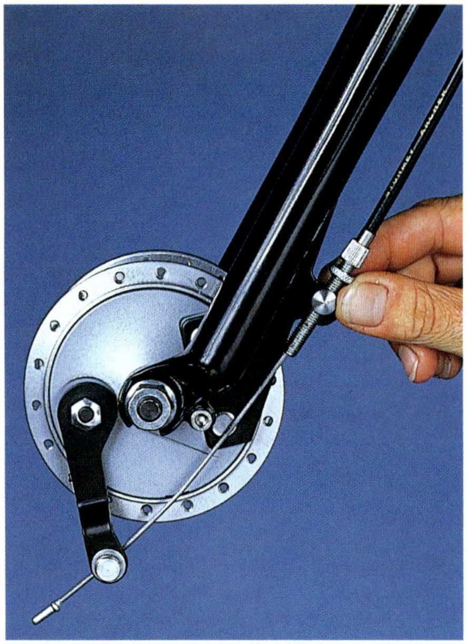

1 *Konterring lösen, Einstellschraube hineindrehen*

Trommelbremse

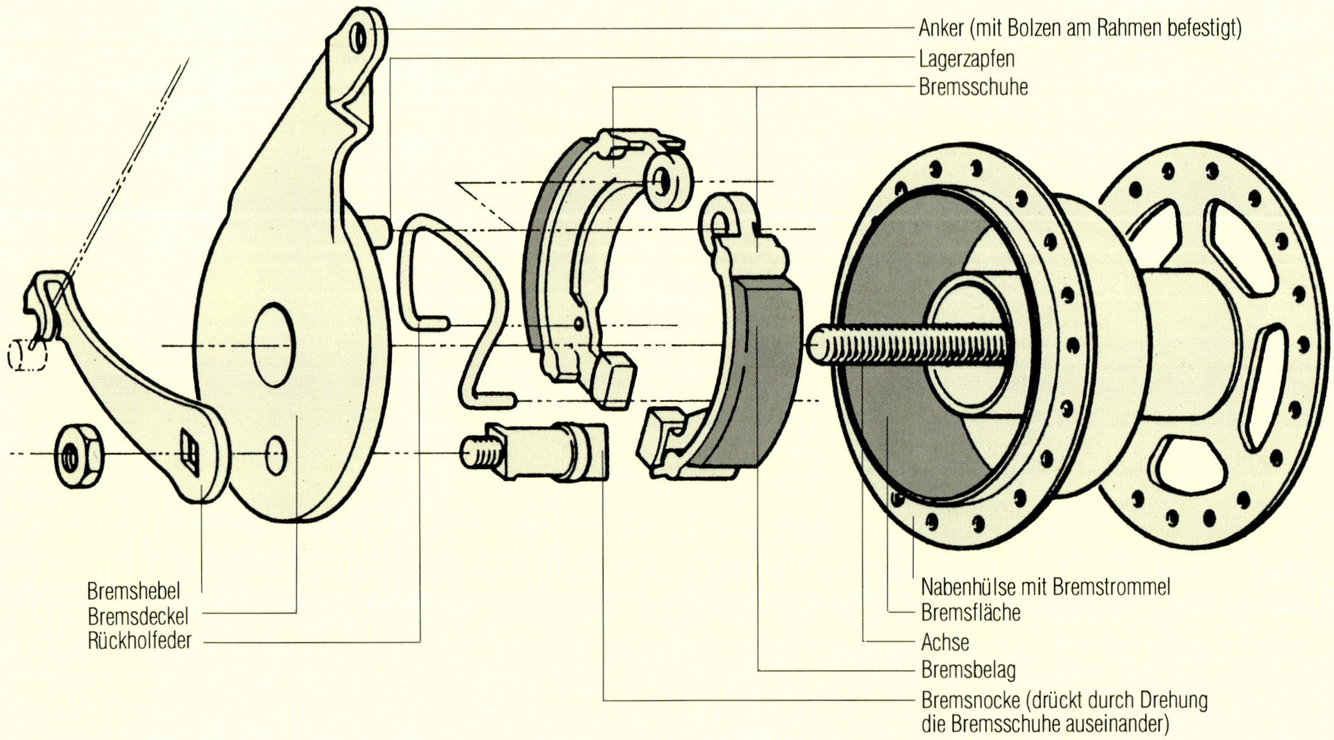

2 Laufrad drehen, Einstellschraube langsam rausdrehen, bis Bremse anspricht

3 Einstellschraube wieder hineinschrauben, bis das Rad frei läuft

4 In dieser Position den Konterring wieder anziehen

und seitliches Spiel überprüft. Mit zwei Fingern an der Felge testen Sie die seitliche Beweglichkeit.

Die Bremsbeläge können Ihnen Ärger machen, wenn eine interne Öldichtung leckt oder Sie unachtsam geschmiert haben. In diesem Fall wird gerutscht statt gestoppt; die Bremse vibriert und quietscht. Höchste Zeit also, die Bremsbeläge zu erneuern.

Routinekontrolle: Rücktritt

Sie haben praktisch keine Wartung nötig. Höchstens Veteranen zeigen einmal durch harte, geräuschvolle Bremsfunktion an, daß ihr Innenleben einer Schmierung bedarf. Die Nabe muß zerlegt, gereinigt und gefettet werden. Da die Arbeit nicht unkompliziert ist und man in jedem Fall das richtige Fett an die richtigen Stellen bringen muß, sollten Sie den Job lieber den Profis überlassen.

Wartung

Bei Trommelbremsen ist nur die Kabelspannung ein Thema. Das Laufrad bleibt eingebaut, es wird nur angehoben. Wie's gemacht wird, zeigen die Fotos. Die routinemäßige Einstellung der Konuslager ist auf Seite 68-69 beschrieben.

Überholung: Trommelbremse

Je nach Kilometerleistung werden die Nabenlager alle halbe Jahr, mindestens aber einmal jährlich überholt (S. 68-69).

Trommelbremsen müssen nur alle drei bis fünf Jahre gewartet werden, wobei die Bremsbeläge auszutauschen sind. Beim Do-it-yourself-Verfahren lesen Sie bitte die Herstellerunterlagen. Und dann gehen Sie wie folgt vor:

Kabel aus dem Bremsarm aushängen und (bei der Hinterradbremse) den Ankerbolzen lösen. Nehmen Sie das Laufrad heraus und spannen es, Bremsdeckel nach oben, in den Schraubstock. Nach dem Abschrauben der Achsmutter und des Konuszwischenrings kann der Bremsdeckel abgehoben werden. Nun das ganze Bremsdeckel-Ensemble fest einspannen. Bremsarmmutter lösen, Bremsarm abnehmen und Bremsschuhe von ihrem Lagerzapfen ziehen. (Hierzu müssen Sie je nach Modell entweder einen Sprengring oder eine Schraube entfernen.) Nun können die Ersatzteile eingebaut werden.

Um die Bremsschuhe auf ihrem Zapfen zu sichern, drücken Sie entweder den Sprengring in seine Nut oder drehen die Halteschraube wieder ein. Weiter geht es in umgekehrter Reihenfolge der oben beschriebenen Prozedur. Anschließend Testfahrt mit Einbremsen!

SEITENZUGBREMSEN

Funktion

Die Seitenzug- oder Rennbremsen „kneifen" die Felge in derselben Weise wie Cantileverbremsen, haben aber nur einen Drehpunkt. Die Konstruktion, bei der die beiden unterschiedlich geformten Bremsarme zu einer Seite zeigen und beim Bremsen zusammengezogen werden, gab der Bremse den Namen.

Routinekontrolle

Betätigen Sie den Bremsgriff. Etwa 30 mm vorm Lenker sollte er deutlichen Widerstand bieten. Jetzt noch mal kräftig zupacken! Es müßten aufgrund der Kabeldehnung (und der Flexibilität der anderen Teile) noch rund 15 mm drin sein. In dieser Haltung können Ihre Finger maximale Kraft entfalten. Kann der Griff bis an den Lenker durchgezogen werden, erhöhen Sie die Kabelspannung. Kommt er nicht bis auf 15 mm an den Lenker heran, wird das Kabel etwas lockerer eingestellt.

Stehen die Bremsklötze richtig zur Felge? Zu niedrig angesetzt, erzielen sie keine optimale Wirkung. Zu hoch stehend, bringen sie den Reifen in Gefahr. Natürlich dürfen sie im Ruhezustand nicht an der Felge schleifen.

Von vorn gesehen, muß die Bremse mittig über dem Laufrad stehen. Achten Sie auch auf die freie Beweglichkeit der Bremsarme.

Schlechte Verzögerung liegt häufig an verschmierten Bremsklötzen. Schauen Sie hier öfter mal nach dem Rechten und reinigen die Bremsoberfläche.

Heruntergeschliffene Bremsklötze müssen sofort ersetzt werden.

1 *Bremsklötze andrücken. Müssen sie nachjustiert werden?*

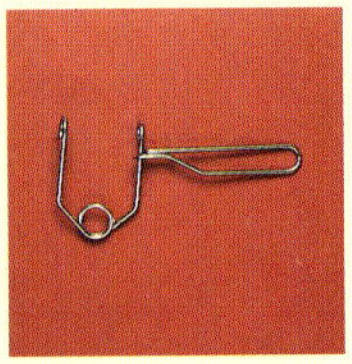

Spezialwerkzeug: Dritte Hand

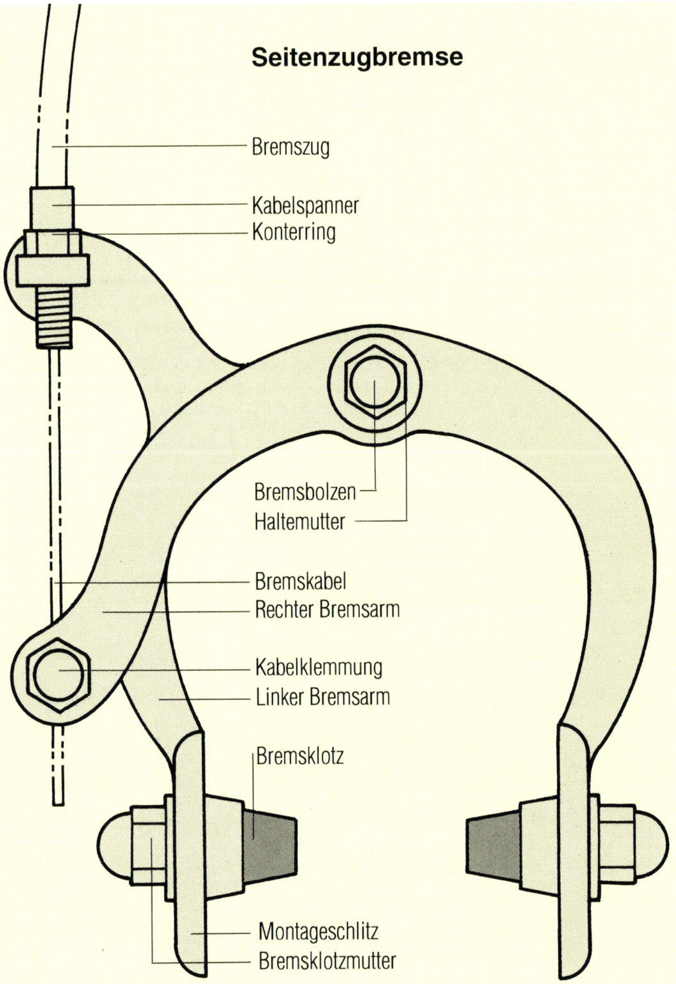

Der Bremskörper kann entfernt werden, nachdem die Haltemutter abgeschraubt ist. Ist trotz fester Montage noch Spiel in der Bremse, überprüfen Sie den Sitz der vorderen Halte- und Kontermutter.

2 Mutter lösen, Bremsklotz korrekt an der Felge ausrichten

3 Bremsklotz mit Rollgabelschlüssel halten, Mutter anziehen

4 Asymmetrische Einstellung: Montageschlitz vorsichtig biegen

Manche Fabrikate haben eine „Checklinie", die das kritische Stadium anzeigt. Warten Sie zulange, ist nur noch der Bremsschuh - die Halterung - übrig. Dieses eiserne Teil hat eine verheerende Wirkung auf das Aluminium der Felge. Das zwingt Sie zum Kauf nicht allein neuer Bremsklötze, sondern auch einer neuen Felge.

Wartung

Läßt sich der Bremsgriff nicht stark genug anziehen, muß die Kabelspannung ein wenig reduziert werden. Können Sie dagegen bis auf den Lenker „durchbremsen", braucht der Seilzug mehr Spannung.

Bei fest angezogener Haltemutter verdreht sich manchmal die gesamte Bremse; ein Bremsklotz schleift. Abhilfe: Verpassen Sie der Rückholfeder an der nichtschleifenden Seite einen Schlag (Hammer + Stift), und zwar möglichst dicht am Bremsbolzen. Sanft anfangen, allmählich steigern. Kontrollieren Sie nach jedem Schlag, ob die Bremse wieder zentriert ist.

Die Bremsschuhe sind in einem Schlitz montiert, können also vertikal verschoben und auf die Felgen ausgerichtet werden (siehe Fotos).

Um lästige Quietschkonzerte zu eliminieren, muß man den Aufnahmeschlitz des Bremsarms kontrolliert verbiegen. So wird die asymmetrische Einstellung der Bremsklötze erzielt. Aber bitte vorsichtig!

Schleift die Bremse, sollte sie zunächst zentriert werden: mit Hammer und Stift richten Sie den Bremskörper mittig aus. Schleifen beide Klötze auch nach dem Zentrieren, verringern Sie die Kabelspannung.

Wenn der Bremskörper wackelt, ziehen Sie die Bremsbolzenmutter (an der Rückseite) fest. Immer noch lose? Jetzt die vordere Haltemutter gegen den Bremsbolzen festziehen und kontern.

Demontage

Ist der Bremsbolzen gelöst (Mutter auf der Rückseite), kann der gesamte Bremskörper mit dem Bremsbolzen nach vorne abgezogen werden.

Grundüberholung

Spannen Sie den Bremsbolzen im Schraubstock ein. Vordere Haltemutter und Kontermutter abschrauben. Legen Sie die folgenden Teile in der Reihenfolge der Demontage aus: Zwischenringe, Bremsarme, Rückholfeder. Sie werden gesäubert, der Bremsbolzen auch gefettet. Dann wieder montieren, vordere Haltemutter festziehen und kontern. Die Bremsarme müssen ohne Spiel bewegbar sein. Jetzt die Bremse einsetzen und per Bremsbolzen justieren.

Funktion

Die Hinterradnabe ist mit einem Satz Antriebsritzel bestückt, dem Zahnkranz. Er befördert die Kette und treibt das Hinterrad an. Der Freilauf gestattet die freie Drehung des Hinterrads bei stillstehenden Pedalen. Bei Schraubkränzen wird die Freilaufeinrichtung mit dem Zahnkranz aufgeschraubt; bei Kassettenkränzen bilden Nabe und Freilauf eine Einheit.

Routinekontrolle

Drehen Sie die Ritzel langsam gegen den Uhrzeigersinn, man darf nichts hören als ein gleichmäßiges Klicken. Die Ritzel müssen sich leicht drehen lassen und dürfen kein Spiel haben.

Wartung

Statt einer Wartung gibt es hier nur Überholung oder Ersatz.

Grundüberholung

Hierzu sind besondere Werkzeuge und Fertigkeiten vonnöten; vielleicht eher ein Fall für den Mechaniker.

▼ Einige Shimano- und Campagnolo-Kassetten haben einen Sicherungsring, der mit einem speziellen Abnehmer entfernt wird

Ritzel abnehmen

Der Freilauf bleibt am Rad. Lehnen Sie das ausgebaute Hinterrad an eine Wand, und folgen Sie der nebenstehenden Anleitung. Meistens werden das erste und zweite Ritzel zusammenhängend abgeschraubt; alle anderen sind nur aufgesteckt. Teilweise müssen auch das dritte oder vierte Ritzel geschraubt werden.

Schraubkranz abnehmen

Besorgen Sie sich den passenden Abzieher (es gibt viele verschiedene!).

1 *Loses Ende der Kettenpeitsche in Gegenuhrzeigersinn um das dritte Ritzel legen, festes Ende anlegen*

Spezialwerkzeug:
Freilaufabzieher
Kassettenringabnehmer
Kettenpeitschen

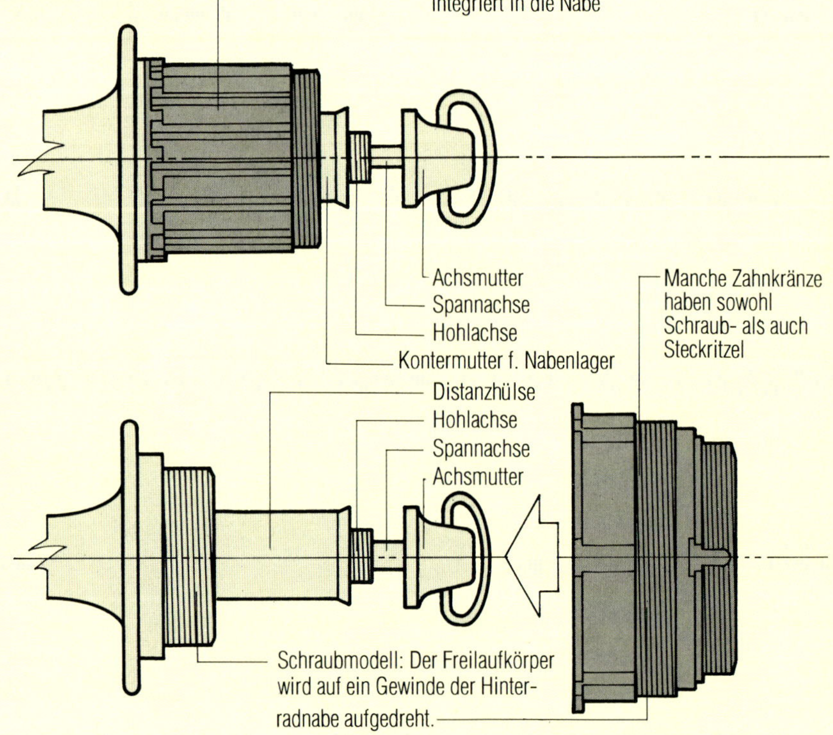

2 Zweite Kettenpeitsche entgegengesetzt um das erste Ritzel legen, die beiden Handgriffe sollten sich überkreuzen

3 Laufrad zwischen den Beinen halten. Beide Hebel gegeneinanderdrücken, bis das kleinste Ritzel loskommt. Achtung, Klemmgefahr!

4 Kettenpeitsche abnehmen, kleinstes Ritzel von Hand abdrehen und alle weiteren in der richtigen Reihenfolge auslegen

Am herausgenommen Laufrad drehen Sie die Achsmutter ab und statt dessen den Abzieher auf - erst einmal von Hand. Bei Schnellspannern (S. 68-69) ziehen Sie die Spannachse heraus, schieben den Abzieher über die Hohlachse und setzen die Spannachse wieder ein. Die Mutter wird leicht aufgedreht und der Schnellspanner angezogen. Achten Sie darauf, daß nicht zuviel Druck ausgeübt wird.

Der Freilauf wird gegen den Uhrzeigersinn abgeschraubt. Am einfachsten geht es, wenn Sie die Flächen des Abziehers fest im Schraubstock fixieren. Nun die Felge packen und drehen. Sobald Sie bemerken, daß sich der Freilauf löst, unterbrechen Sie den Vorgang und ziehen die Achsmutter leicht nach. Dies ist wichtig, damit der Abzieher nicht versehentlich abrutscht. Diese Verfahrensweise wiederholen Sie jetzt so oft, bis der Schraubkranz wirklich lose ist und mit der Hand vollständig heruntergeschraubt werden kann.

▾ Mit Hilfe des Schraubstocks können Sie den Freilauf am besten und sichersten von der Hinterradnabe lösen

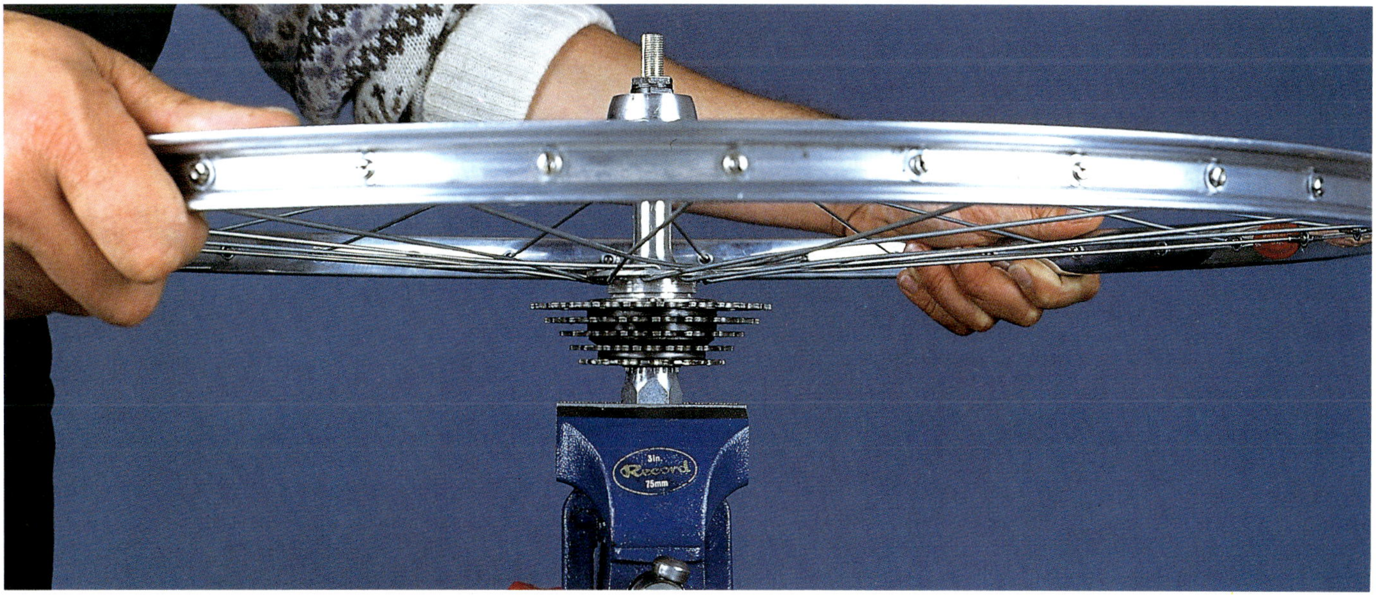

NABEN

Funktion

Die Nabe sitzt im Zentrum des Laufrads und beherbergt dessen Kugellager. Die Standardnabe, mit Achsmuttern im Rahmen fixiert, tritt langsam den Rückzug an. An ihrer Stelle sieht man immer öfter die Schnellspannabe.

Schnellspanner machen den Schraubenschlüssel überflüssig. Sie bestehen aus einer Hohlachse und einer darin befindlichen Spannachse. An deren einem Ende sitzt eine „Finger"mutter zwecks Regulierung der Spannung, am anderen Ende ein Spannhebel mit einer Nocke. Beim Umlegen des Hebels wird die Hohlachse über den Druck der Spannachse zwischen beiden Ausfallenden festgeklemmt.

Wollen Sie das Rad herausnehmen, legen Sie den Spannhebel um und haken eventuell das Bremskabel aus. Aus Sicherheitsgründen sind heute viele Ausfallenden mit einer Kante versehen. Sie halten das Laufrad fest, sollte sich der Schnellspanner unbeabsichtigt geöffnet haben. Allerdings halten sie es manchmal auch, wenn man das Rad entnehmen will! Dann muß entspannt werden. Halten Sie die Achsmutter mit den Fingern fest und drehen Sie den geöffneten Spannhebel links herum, bis die Klemmvorrichtung sich weit genug geöffnet hat.

Routinekontrolle

Überprüft wird, ob die Lager zu stramm eingestellt sind. Setzen Sie das Velo in

1 *Vorm Einstellen des Schnellspanners: Bremskabel aushaken, um das Laufrad problemlos einzusetzen*

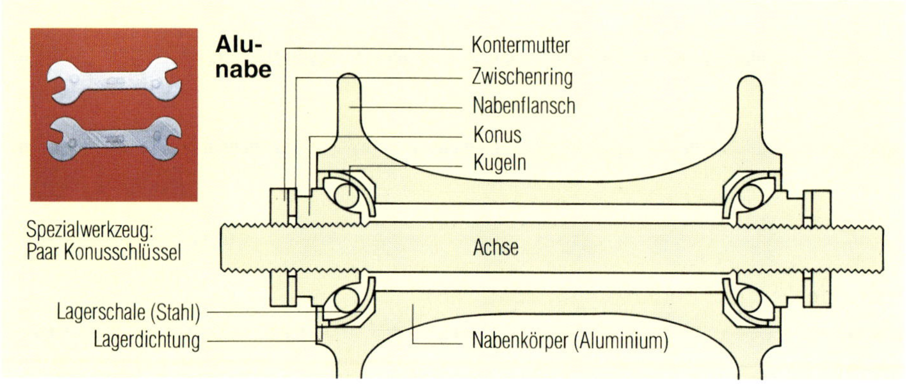

1 *Die Achse wird im Schraubstock eingespannt. Gewinde schützen! Kontermutter und Konus abschrauben, Kugeln mit Pinzette herausholen*

2 *Laufrad an der Achse aus dem Schraubstock nehmen, Achse über einem Auffangbehälter fallenlassen. Nun werden alle Einzelteile einzeln gesäubert*

3 *Ist alles sauber und trocken, Achse wieder einspannen. Lagerschalen dick fetten und Kugeln mittels Pinzette wieder einlegen*

2 *Spannhebel geöffnet: Mutter am anderen Ende festziehen und eine halbe Umdrehung wieder lösen*

den Montageständer und versetzen Sie das Laufrad in langsame Drehung (beim Check des Hinterrads muß dazu die Kette abgenommen werden). Beobachten Sie, wie das Rad hin- und herschwingend zur Ruhe kommt und schließlich mit dem Ventil nach unten auspendelt. Bei einem plötzlichen Halt oder knirschenden Geräuschen aus dem Innern ist das Lager zu stramm eingestellt. Und so checken

4 *Sehr vorsichtig die Nabe über die Achse absenken. Konus von Hand aufdrehen, anschließend Zwischenring und Kontermutter. Jetzt Lager einstellen.*

3 *Für einen festen Sitz muß der Hebel beim Schließen einen gewissen Widerstand bieten*

Sie, ob es zu lose ist: Felge nahe der Kettenstrebe halten und versuchen, sie seitlich zu bewegen. Ist das möglich, hat das Lager zuviel Spiel. Da dieses Symptom auch auf einen losen Schnellspanner hinweisen kann, gehen Sie zuerst nach der Bildreihe oben vor, bevor Sie sich ans Lager machen.

Wartung: Standardnaben

Zum Einstellen des Lagers kann das Laufrad eingebaut bleiben. Drehen Sie eine der beiden Achsmuttern etwas los (am Vorderrad die linke oder rechte, am Hinterrad die linke). Mit einem Schlüssel an der Kontermutter und dem anderen am Konus lösen Sie deren Verbindung. Der Konus wird jetzt so festgestellt, daß die Felge noch ganz wenig Spiel anzeigt. Achtung: Verwechseln Sie das Lagerspiel nicht mit Laufradlabilität, das zur Zeit ja nur an einer Achsmutter im Rahmen hängt! Sind Sie mit der Einstellung zufrieden, halten Sie den Konus fest und ziehen die Kontermutter dagegen.

Wartung: Schnellspannaben

Auch hier braucht das Rad nicht ausgebaut zu werden. Öffnen Sie den

4 *Zur Entnahme des Laufrades muß die Mutter im Normalfall nicht weiter verstellt werden.*

Spannhebel, halten Sie die Mutter am anderen Ende zwischen den Fingern fest. Mit dem Spannhebel drehen Sie die Spannachse so fest in die Mutter, wie es geht, lassen ihn jedoch auf „offen" stehen. Damit ist das Laufrad in einem Ausfallende festgeklemmt, und Sie können nach obigem Rezept das Konuslager justieren. Danach wird die Achsmutter losgedreht und der Schnellspanner eingestellt (s. Fotos).

Grundüberholung

Die Fotoreihe links unten verdeutlicht die Vorgehensweise. Seien Sie beim Einspannen vorsichtig, damit der Schraubstock nicht das Achsgewinde zerstört.

Die stählernen Lagerschalen sind in die Nabe eingepreßt, sollten also an Ort und Stelle geputzt werden. Danach müssen die Kugelbahnen glatt und glänzend aussehen. Matte oder narbige Oberflächen bedeuten Verschleiß: hier muß Ersatz her!

Haben Sie es mit Standardnaben zu tun, ist der Einbau einfach, denn es müssen lediglich die Achsmuttern festgezogen werden. Bei Schnellspannern orientieren Sie sich an den Fotos.

SPEICHEN & FELGEN

Funktion

Zusammen mit der Nabe bilden die Felge und die Speichen das filigrane Laufrad. Obwohl das Einspeichen und Zentrieren viel Geschicklichkeit erfordert, sind die kleineren Arbeiten (lose Speichen spannen, gebrochene ersetzen, Felgenschläge ausgleichen) vom Amateur zu meistern. Zur Sicherheit sollte man das eigentliche Zentrieren jedoch einer Werkstatt überlassen.

Routinekontrolle

Mit Daumen und Zeigefinger greifen Sie an jeder Radseite ein Speichenpaar und drücken es zusammen. Man merkt deutlich, wenn eine Seite weniger straff ist als die andere. Arbeiten Sie sich, vom Ventil ausgehend, auf diese Weise einmal ums Laufrad herum.

Es folgt die Inspektion der Felge (besonders nach einem Crash!). Kleine Dellen sind ungefährlich, beeinträchtigen aber die Bremsfunktion. Lassen Sie das Laufrad rotieren, und kontrollieren Sie dabei die Felge auf Seiten- oder Höhenschläge.

Nachdem Mantel und Schlauch entfernt worden sind, werfen Sie einen Blick auf die Speichenenden. Ragen sie in die Felge hinein, ist die nächste Reifenpanne schon vorprogrammiert.

Spezialwerkzeug: Nippelspanner

Laufrad

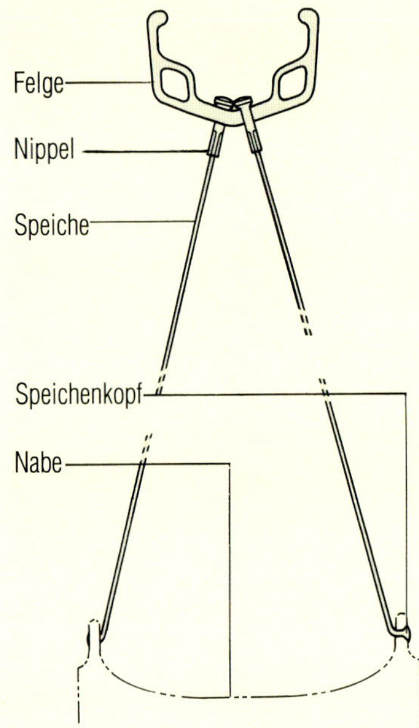

1 *Laufrad langsam drehen. Bringen Sie ein Stück Kreide allmählich an die Felge heran. Hand dabei an Gabel oder Sitzstrebe abstützen.*

1 *Fädeln Sie die neue Speiche so in den Speichenflansch, daß der Speichenkopf sich ins Muster der anderen Speichen einfügt*

2 *Führen Sie sie über die anderen Speichen hinweg beziehungsweise unterdurch bis zum Speichenloch in der Felge, Biegen schadet nicht*

3 *Ob drüberweg oder unterdurch erkennen Sie aus der Lage der Nachbarspeichen*

2 *Seitliche Ausschläge werden durch einen Kreidestrich deutlich, an diesen Stellen muß die Speichenspannung verändert werden*

3 *Die Speiche, die der Markierung am nächsten ist, wird gelockert, wenn sie auf derselben Seite liegt, gespannt, wenn sie der Markierung gegenüberliegt*

4 *Genauso geht's bei einer längeren Kreidemarkierung: Speichen auf der gleichen Seite lockern, gegenüberliegende spannen*

Wartung

Bringen Sie lose Speichen auf die richtige Spannung. Jetzt überprüfen Sie den Rundlauf mit Kreide (siehe oben). Beim Anziehen oder Lockern der Speichennippel sollten Sie nie mehr als eine halbe Umdrehung vorgehen.

Grundüberholung

Das Rad wird ausgebaut und die Bereifung entfernt. Ist eine Speiche gebrochen, ersetzen! Messen Sie dazu die genaue Länge, und nehmen Sie zum Kauf die alte Speiche mit.

Das Einsetzen einer neuen Speiche ist nicht schwierig. Folgen Sie der untenstehenden Anleitung. Im Zweifelsfall kann man aus dem Muster der benachbarten Speichen rekonstruieren, wie die Ersatzspeiche eingeflochten wird. Nach erfolgter Reparatur zentrieren Sie mit Bordmitteln - Kreideverfahren - oder lassen diese Arbeit von einer Werkstatt ausführen.

4 *Ist die Speiche endlich durch das Felgenloch geführt, drehen Sie einen Nippel auf*

5 *Mit einem Akkuschrauber ist der Nippel im Handumdrehen aufgeschraubt. Aber nicht zu fest, bitte!*

6 *Der Nippelspanner sorgt für die Feinregulierung der Speichenspannung. Machen Sie zur Kontrolle die Kreideprobe*

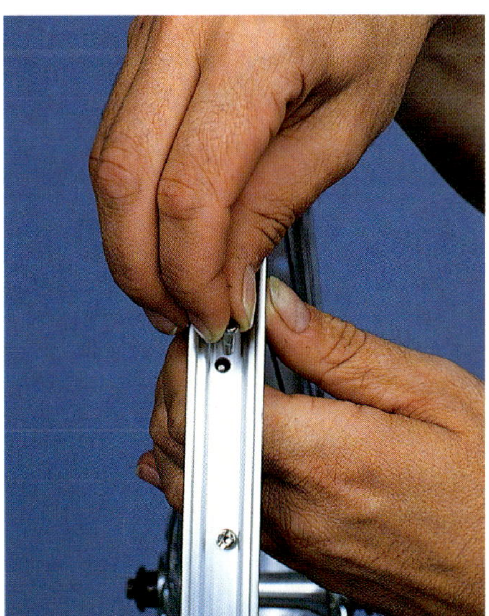

BEREIFUNG

Funktion

Der Reifen dient als komfortable Fahrradfederung; sein Profil sorgt für gute Laufeigenschaften. Nicht zuletzt bietet er eine schützende Hülle für den Schlauch.

Routinekontrolle

Zustand des Profils begutachten. Entfernen Sie bei dieser Gelegenheit auch alle Steinchen, Splitter oder Scherben aus dem Pneu. Bei alten, wenig gefahrenen Reifen lassen Sie die Luft raus und drücken den Reifen seilich zusammen. Oberfläche rissig? Ersetzen! Nun werden die Reifenflanken auf Risse, lose Gewebefäden und Verschleiß untersucht. Drehen Sie das Laufrad. Ausbeulungen bedeuten, daß der Pneu nicht richtig sitzt. Prüfen Sie, ob die „Sitzlinie“ an der Reifenflanke überall parallel zur Felge steht. Das Ventil muß rechtwinklig zur Felge stehen.

26 x 1.25 26 x 1.5 26 x 1 1/2 26 x 1.75 26 x 1.75/1.90 650 x 45 26 x 2.25 26 x 2 x 1 3/4 650 x 50 26 x 2.125 650 x 54 26 x 2.25	*Diese Reifengrößen weisen auf den MTB-Standard hin (26"-Reifen); der Reifensitzdurchmesser beträgt 559 mm*
26 x 1 3/8 26 x 1 3/8 A 650 A 26 x 1 3/8 x 1 3/4 26 x 1 1/2 x 1 3/8 26 x 1 1/2	*Diese Reifen sind für konventionelle 26"-Räder, der Reifensitzdurchmesser beträgt 590 mm*
28 x 1 1/2 28 x 1 1/4 700 C 700 x 25 C 700 x 37 C 28 x 1 3/8 28 x 1 5/8	*Reifen für Sport-, Hybrid- und Crossbikes, der Reifensitzdurchmesser beträgt 622 mm*

Die Auswahl an unterschiedlich dicken und profilierten Reifen ist riesig. Achten Sie auf die richtige Größe (sie steht auf der Seitenwand Ihres Reifens). Im Zweifelsfall nehmen Sie den alten Reifen mit, wenn Sie einen neuen erwerben wollen. Entscheidend ist immer der Reifensitz: 559, 590 oder 622 mm.

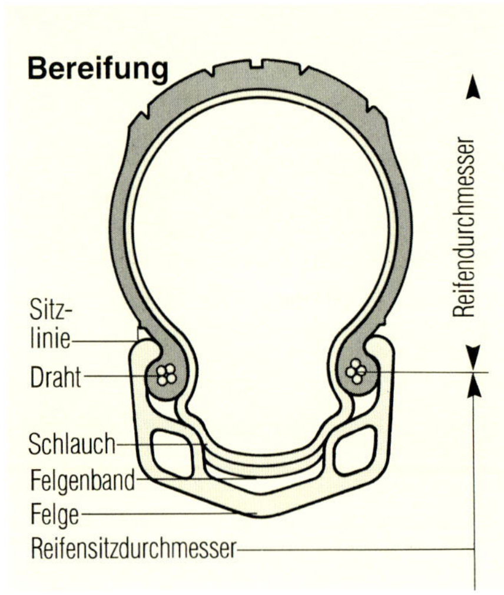

1 *Erst den einen Draht auf die Felge ziehen, Ventil einführen, Schlauch leicht aufpumpen*

1 *Luft rauslassen, Reifen rundum zusammendrücken; der erste Reifenheber wird parallel zur ersten Speiche nach dem Ventil eingesteckt*

Wartung

Abgefahrene Reifen sollten bei der nächsten Überholung, beschädigte Reifen dagegen sofort erneuert werden. Sitzt der Reifen nicht korrekt, lassen Sie die Luft heraus und drücken den Pneu rundum zusammen. Durch Zug am Reifen kann das Ventil senkrecht ausgerichtet werden. Einen wirklich perfekten Reifensitz er-

2 *Legen Sie den Schlauch sauber in den Reifen. Nun, gegenüber dem Ventil beginnend, den zweiten Draht mit beiden Daumen über die Felge drücken.*

2 *Die beiden anderen Reifenheber links und rechts an den jeweils übernächsten Speichen ansetzen, nacheinander herunterdrücken und in den Speichen einhaken*

zielen Sie, wenn Sie ringsum ein wenig Seifenwasser zwischen Felge und Pneu pinseln. Der Reifen wird leicht aufgepumpt und das Ventil nach innen gedrückt. So kann sich der Reifendraht auch an dieser Stelle richtig setzen. Pumpen Sie den Reifen hart auf und checken Sie nochmals die Sitzlinie. Liegt der Pneu auch jetzt nicht richtig, nehmen Sie ihn ganz ab

3 *Arbeiten Sie sich bis zum Ventil vor, der Draht muß sauber in seinen Sitz rutschen (Kontrolle: Sitzlinie)*

3 *Wenn der Draht über den Felgenrad kommt, fällt der mittlere Reifenheber heraus. Ziehen Sie einen der verbliebenen Heber einmal rund um die Felge, um den Draht komplett abzuhebeln.*

und untersuchen Sie den Draht ganau Ist er geknickt, können Sie ihn meistens mit Hilfe einer Zange wieder richten.

Nach der Entfernung von Scherben o.ä. aus der Lauffläche empfiehlt es sich, das Loch mit einem Tropfen Kleber zu versiegeln - eine simple Maßnahme, die das Leben des Reifens verlängert.

4 *Ist der Draht komplett drinnen, Ventil eindrücken, um hier den korrekten Sitz zu erzielen, dann fest aufpumpen*

4 *Ventilmutter abdrehen, Ventil nach innen drücken und Schlauch herausziehen; der zweite Draht des Reifens kann von Hand abgezogen werden*

Grundüberholung

Ziehen Sie Reifen und Schlauch in der oben beschriebenen Weise von der Felge ab.

Mit der Zeit bahnen sich Wasser und Staub einen Weg in den Reifen. Dagegen läßt sich etwas tun. Waschen Sie den Reifen von innen und außen mit warmer Seifenlauge und untersuchen Sie bei der Gelegenheit, ob nicht spitze „Troublemaker“ eingedrungen sind. Der Schlauch wird ebenfalls gebadet. Wischen Sie beide Teile ab, hängen Sie sie auf, und pudern Sie sie nach dem Trocknen leicht mit Talkum ein.

Der Hinterreifen verschleißt schneller als der vordere. Deswegen ist es ganz praktisch, die beiden Pneus gelegentlich zu tauschen. So kommen Sie nicht in die Situation, eine Kombination aus einem komplett abgefahrenen und einen relativ gut erhaltenen Reifen fahren zu müssen. Die Reifenmontage wird in der Fotoreihe links beschrieben.

REIFENPANNE

Dieses kleine Problem macht weniger Ärger, als viele Radler befürchten. Vor dem Flicken werden Reifen und Schlauch abgenommen (siehe Seite 72-73).

Manchmal kann man durch das Zischen der entweichenden Luft den Tatort lokalisieren. Dann brauchen Sie den Reifen nur an der betroffenen Stelle abzuziehen und können eventuell sogar das Laufrad eingebaut lassen. Gerade unterwegs, wenn man nicht so viel Werkzeug mitführt, ist das die eleganteste Lösung.

Halten Sie sich bitte genau an die beschriebenen Schritte, und lassen Sie keinen aus. Wer die Prozedur ein paarmal hinter sich gebracht hat, braucht zum Reifenflicken nur noch wenige Minuten.

Auch kleinste Löcher lassen sich zuverlässig aufspüren. Dazu nehmen Sie den Schlauch heraus, pumpen ihn stramm auf und führen ihn durch eine Schüssel mit Wasser. Hier verrät sich die kritische Stelle unweigerlich durch Luftblasen.

1 *Ohr am Schlauch: so läßt sich das Zischen der ausströmenden Luft am ehesten vernehmen. An der Wange können Sie den kühlen Luftzug spüren.*

2 *Die Stelle ist lokalisiert. Tippen Sie mit der Zunge etwas Speichel darauf. Er treibt Blasen - hier gehört der Flicken hin!*

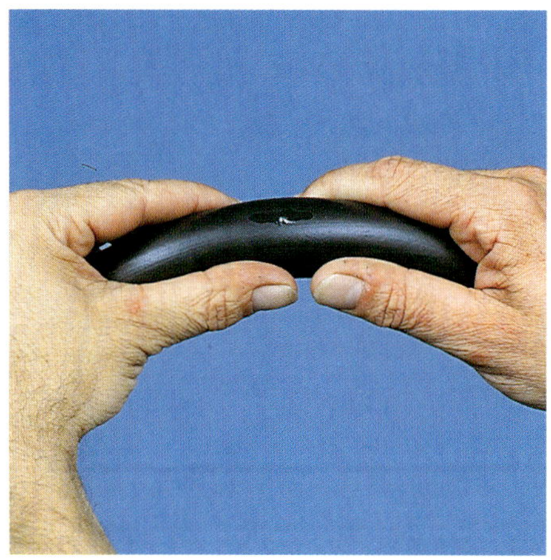

3 *Mit Sandpapier wird die Umgebung des Lochs aufgerauht. Die rauhe Fläche muß größer sein als der Flicken selbst. Pusten Sie den Staub fort.*

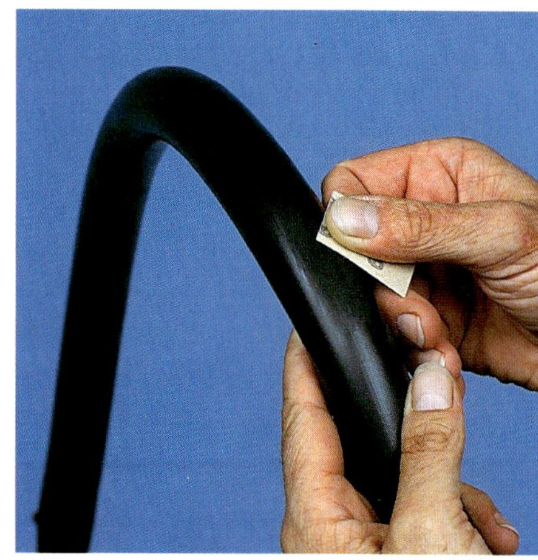

4 *Bei nur wenig Luft wird eine sehr dünne Schicht Gummilösung aufgetragen. Das Loch bildet darin einen kleinen hellen Punkt. Warten Sie, bis die Lösung berührtrocken ist.*

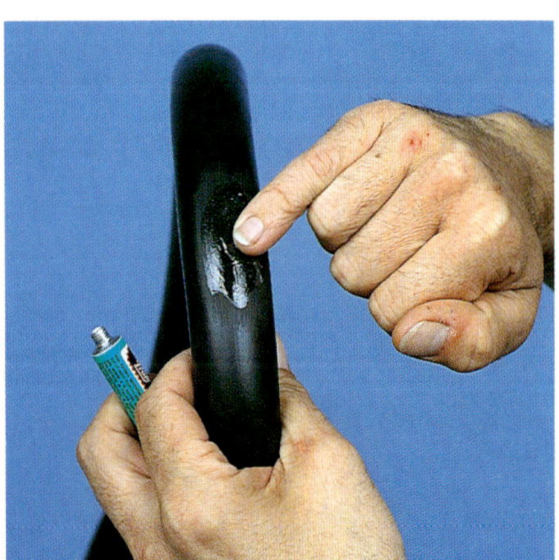

5 *Schutzfolie abziehen, Flicken fest aufdrücken. Die Luft wird dabei ganz herausgelassen. Anschließend die Cellophanschicht vom Flicken abziehen (von der Mitte nach außen).*

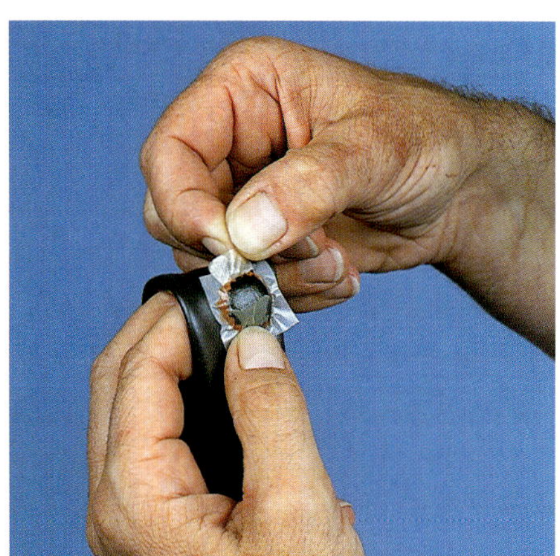

6 *Leicht aufpumpen, Hörprobe: kein Luftzischen mehr zu hören? Stäuben Sie die Flickstelle mit Talkum ein, damit sie nicht innen am Reifen klebt. Reifen wieder montieren und aufpumpen.*

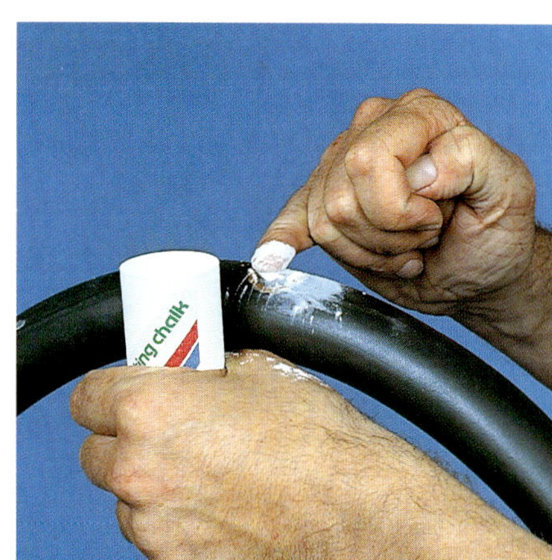

SCHUTZBLECHE

Funktion

Wenn Sie viel per Rad unterwegs sind, brauchen Sie auf jeden Fall Schutzbleche. Davon profitiert nicht nur der Radler, sondern auch das Rad: die Bleche halten Spritzwasser, Schlamm und Streusalz fern. Neue Räder werden oft ohne Bleche geliefert oder aber mit sehr kurzen „Alibi"-Blechen. Diese können durch selbstgemachte Schmutzfänger aufgerüstet werden.

Routinekontrolle

Von größter Wichtigkeit ist die feste Anbringung der Bleche. Eine lose Strebe, die ins Schaltwerk gerät, macht mehr kaputt, als man ihr zutrauen würde. Und eine Strebe, die ins laufende Vorderrad fällt, könnte Ihnen sogar einen Krankenhausaufenthalt eintragen. Hören Sie es unterwegs klappern, schauen Sie deshalb gleich nach!

Zu prüfen ist ferner, ob die Reifen nicht an den Streben scheuern: Laufrad drehen, auf verdächtige Geräusche achten!

Wartung

Was klappert, läßt sich meistens durch das Anziehen einer Schraube wieder befestigen. Wenn's wackelt, wirkt ein eingeklemmtes Streichholz manchmal Wunder. Schauen Sie auch die hintere Halterung (an der Bremsstrebe) nach; sie muß eventuell neu angeklemmt werden.

Schleift das Schutzblech, können Sie provisorisch die Strebe leicht verbiegen. Sinnvoller ist eine neue Justierung mittels der Klemmschrauben, und zwar gleich an beiden Streben.

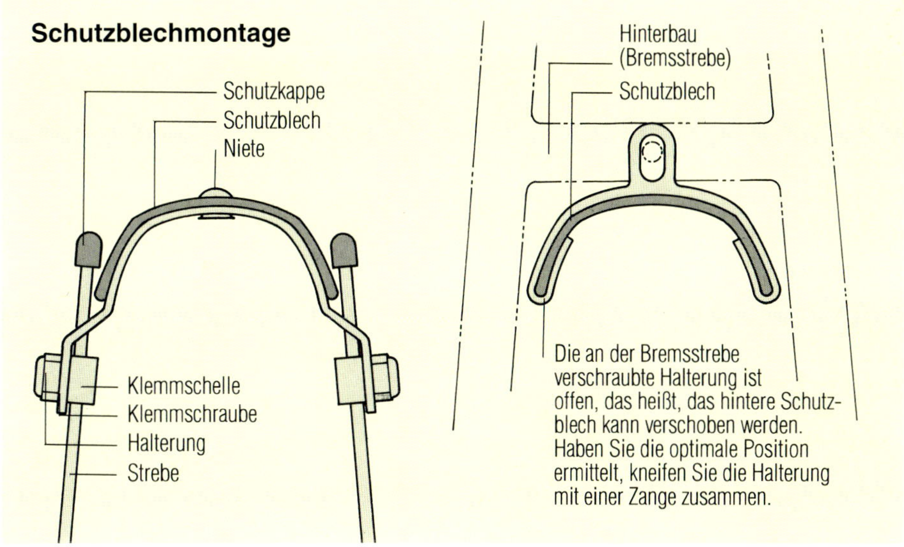

Demontage

Sind die Bleche korrekt montiert, ist die Demontage ganz einfach. Nehmen Sie die Laufräder heraus. Drehen Sie zuerst die Schrauben heraus, mit denen die Streben in den vorderen und hinteren Ausfallenden befestigt sind. Lösen Sie dann die Schrauben der Schuztzblechhalterungen (Hinterbau und Gabel). Die Klemmschrauben zur Verbindung von Blechen und Streben bleiben unberührt.

Schmutzfänger lassen sich aus unterschiedlichen Materialien herstellen, zum Beispiel aus dicker Kunststoffolie (Baubedarf). Nach der Montage mit der Schere in die richtige Form bringen!

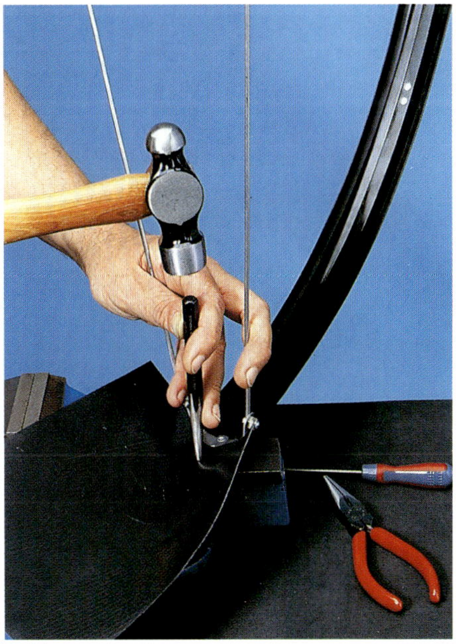

Mit den Klemmschellen werden die Schutzbleche in der gewünschten Stellung an den Streben fixiert. Drehen Sie die Klemmschraube nur so weit los, wie zum Verstellen nötig, und ziehen Sie sie dann an.

Funktion

Sehen und gesehen werden ist der Zweck der Fahrradbeleuchtung. Bekanntlich wird sie durch die STVO vorgeschrieben und detailliert geregelt. Rennräder und Mountainbikes werden fast immer als Sportversion ohne Beleuchtung geliefert. Hier müssen Sie sich entscheiden: Soll es eine klassische Dynamoanlage sein oder ein Set Batterieleuchten? Batterie- oder Akkuanlagen sind wartungsfrei, müssen jedoch regelmäßig mit neuen Energiequellen versehen werden.

Dynamoanlagen sind fest montiert, den Strom liefert die reifengetriebene Lichtmaschine. Nachteil: Im Stillstand steht man im Dunkeln. Standlichtanlagen verschiedener Hersteller sind deshalb eine hervorragende Ergänzung.

Wir unterscheiden zwischen Standarddynamos (Antrieb seitlich an der Reifenflanke) und Walzendynamos (Antrieb zentral auf der Lauffläche). Die Walzen werden hinter dem Tretlager montiert. Sie arbeiten sehr zuverlässig und reifenschonend, sind aber dem Schmutz besonders stark ausgesetzt und neigen bei nassen Reifen gelegentlich zum Durchrutschen.

Traditionell benutzt man in der Fahrradbeleuchtung ein Kabel als Pluspol,

1 *Klemmen Sie ein Prüfkabel an die vom Dynamo ausgehende Leitung an, das andere an die Lampenhalterung; Fehlanzeige = gestörter Kontakt zwischen Birne und Halterung*

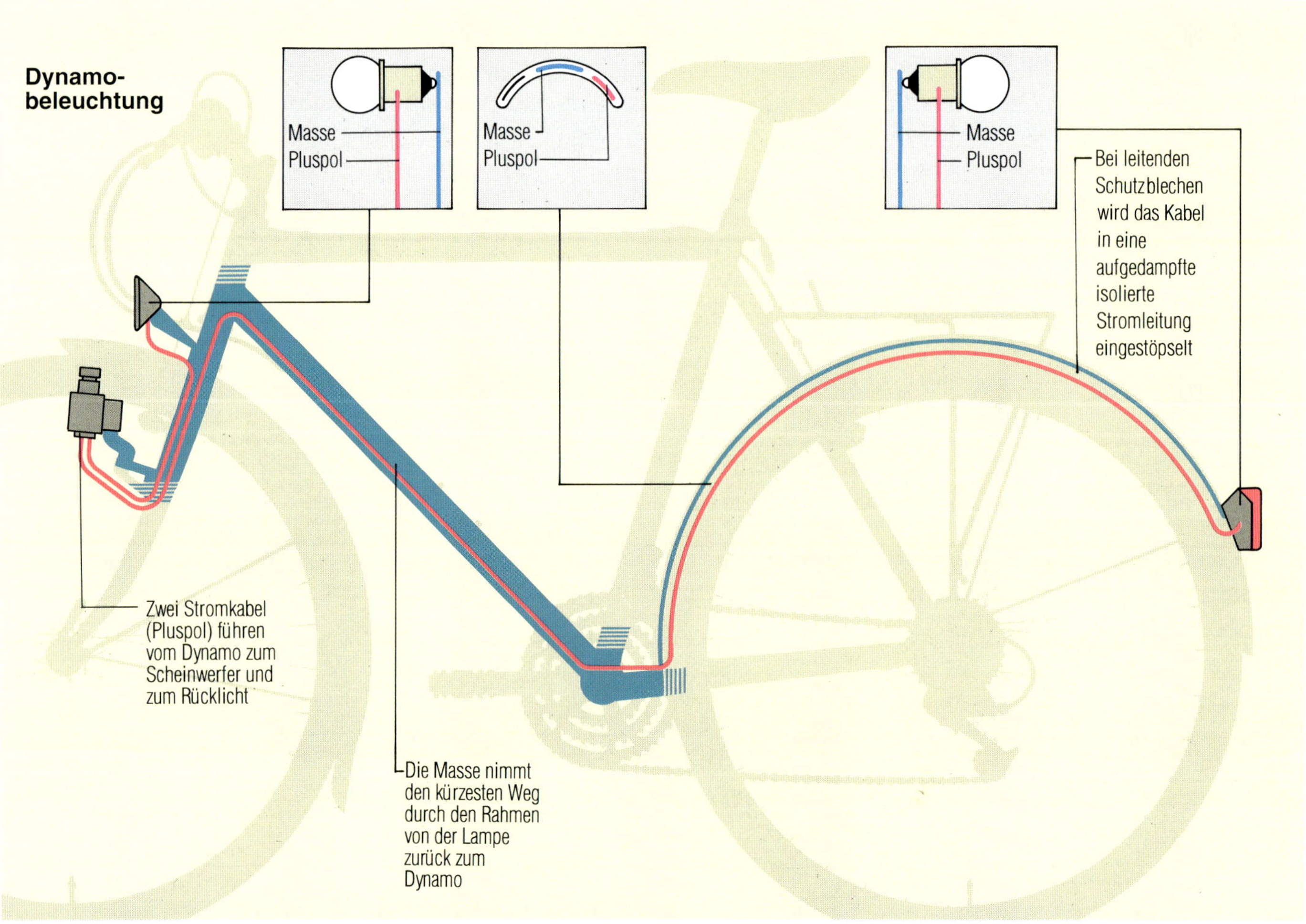

2 *Lassen Sie die eine Klemme an der Dynamoleitung, und prüfen mit der anderen abschnittsweise den Stromkreislauf durch. Ruckeln Sie die Krokodilklemmen, um guten Kontakt zu erhalten.*

während das Velo selbst als Minuspol (Masse) die zweite Stromleitung darstellt. Dieses System hat Schwachstellen, wo der Strom infolge schlechter oder fehlender Kontakte ausfällt. Als begeisterter Tüftler könnten Sie dieses Manko mit einer zweiten Kabelleitung beseitigen. Bei nächtlichen High-Speed-Fahrten, z.B. steil bergab, kann

▼ Der an der Gabel befestigte Standarddynamo drückt seitlich gegen die Reifenflanke

3 *Mit diesem Prüfverfahren können Sie Fehlkontakte lokalisieren; in der Regel sind es lose oder korrodierte Schraubverbindungen*

eine Fahrradbirne leicht durchbrennen. Die meisten Halogenlampen sind heute bereits mit einem Überlastungsschutz versehen - wenn nicht, kann die Anlage leicht nachgerüstet werden.

Fehlersuche

Fallen trotz laufendem Dynamo eine oder beide Birnen aus, können Sie

▼ Der Walzendynamo sitzt unten hinter dem Tretlager und wird auf die Mitte der Lauffläche gepreßt

4 *Oft läßt sich der Kontakt duch Festziehen einer Schraube wieder herstellen - wenn nicht: zerlegen und blankfeilen oder -schmirgeln*

mit ein paar Checks die Fehlerquelle aufspüren. Benötigt werden eine 6-Volt-Batterie und zwei lange Kabel mit Krokodilklemmen.

Prüfen Sie zuerst jede Birne separat. Keine Reaktion? Prüfen Sie eine dritte Birne, um sicherzugehen, daß Batterie und Kabel o.k. sind. Folgen Sie der in den Fotos gezeigten Routine.

Halogenlampen sollten nicht mit bloßen Fingern angefaßt werden; nehmen Sie ein Papiertaschentuch.

Grundüberholung

Ziel der Überholung ist es, alle leitenden Teile sauberzuhalten, so daß an allen Verbindungsstellen guter Kontakt besteht und ein durchgehender Strom gewährleistet ist.

Das größte Hindernis ist die Feuchtigkeit, die mit der Zeit überall eindringt. Sie bewirkt eine mikroskopisch dünne Oxidationsschicht, die isolierend wirkt und den Strom unterbricht. Mit Drahtbürste und Sandpapier läßt sich Abhilfe schaffen.

REGISTER

TAIWAN